"十三五"国家重点出版物出版规划项目

中国道路

|国|防|与|军|队|建|设|卷|

坚定不移地走中国特色强军之路

UNSWERVINGLY FOLLOW THE ROAD OF BUILDING A STRONG ARMY WITH CHINESE CHARACTERISTICS

季 明 著

中国财经出版传媒集团
经济科学出版社
Economic Science Press

图书在版编目（CIP）数据

坚定不移地走中国特色强军之路/季明著. —北京：经济科学出版社，2017.9（2018.10 重印）

（中国道路·国防与军队建设卷）

ISBN 978-7-5141-8501-0

Ⅰ.①坚… Ⅱ.①季… Ⅲ.①国防建设-研究-中国②军队建设-研究-中国 Ⅳ.①E25②E20

中国版本图书馆 CIP 数据核字（2017）第 236546 号

责任编辑：侯晓霞 凌 敏
责任校对：杨晓莹 郑淑艳
责任印制：李 鹏

坚定不移地走中国特色强军之路

季 明 著

经济科学出版社出版、发行 新华书店经销
社址：北京市海淀区阜成路甲 28 号 邮编：100142
总编部电话：010-88191217 发行部电话：010-88191522
网址：www.esp.com.cn
电子邮件：esp@esp.com.cn
天猫网店：经济科学出版社旗舰店
网址：http://jjkxcbs.tmall.com
北京季蜂印刷有限公司印装
710×1000 16 开 14.5 印张 190000 字
2017 年 9 月第 1 版 2018 年 10 月第 4 次印刷
ISBN 978-7-5141-8501-0 定价：45.00 元
（图书出现印装问题，本社负责调换。电话：010-88191510）
（版权所有 侵权必究 举报电话：010-88191586
电子邮箱：dbts@esp.com.cn）

《中国道路》丛书编委会

顾　　　问：魏礼群　马建堂　许宏才

总　主　编：顾海良

编委会成员：（按姓氏笔画为序）

　　　　　　马建堂　王天义　吕　政　向春玲
　　　　　　陈江生　季　明　季正聚　竺彩华
　　　　　　周法兴　赵建军　姜　辉　顾海良
　　　　　　高　飞　黄泰岩　魏礼群　魏海生

国防与军队建设卷

主　　　编：季　明

《中国道路》丛书审读委员会

主 任：吕 萍

委 员：(按姓氏笔画为序)
　　　　刘明晖　李洪波　陈迈利　柳　敏

总　　序

中国道路就是中国特色社会主义道路。习近平总书记指出，中国特色社会主义这条道路来之不易，它是在改革开放三十多年的伟大实践中走出来的，是在中华人民共和国成立六十多年的持续探索中走出来的，是在对近代以来一百七十多年中华民族发展历程的深刻总结中走出来的，是在对中华民族五千多年悠久文明的传承中走出来的，具有深厚的历史渊源和广泛的现实基础。

道路决定命运。中国道路是发展中国、富强中国之路，是一条实现中华民族伟大复兴中国梦的人间正道、康庄大道。要增强中国道路自信、理论自信、制度自信、文化自信，确保中国特色社会主义道路沿着正确方向胜利前进。《中国道路》丛书，就是以此为主旨，对中国道路的实践、成就和经验，以及历史、现实与未来，分卷分册作出全景式展示。

丛书按主题分作十卷百册。十卷的主题分别为：经济建设、政治建设、文化建设、社会建设、生态文明建设、国防与军队建设、外交与国际战略、党的领导和建设、马克思主义中国化、世界对中国道路评价。每卷按分卷主题的具体内容分为若干册，各册对实践探索、改革历程、发展成效、经验总结、理论创新等方面问题作出阐释。在阐释中，以改革开放近四十年伟大实践为主要内容，结合新中国成立六十多年的持续探索，对中华民族近代以来发展历程以及悠久文明传承进行总结，既有强烈的时代感，又有深刻的历史感召力和面向未来的震撼力。

丛书整体策划，分卷作业。在写作风格上注重历史与现实、理论与实践、国内与国际结合，注重对中国道路的实践与经验、过程与理论作出求实、求真、求新的阐释，注重对中国道路作出富有特色的、令人信服的国际表达，注重对中国道路为发展中国家走向现代化和为解决人类问题所贡献的"中国智慧"和"中国方案"的阐释。

在新中国成立特别是改革开放以来我国发展取得重大成就的基础上，近代以来久经磨难的中华民族实现了从站起来、富起来到强起来的历史性飞跃，中国特色社会主义焕发出强大生机活力并进入了新的发展阶段，中国特色社会主义道路不断拓展并处在新的历史起点。在这新的发展阶段和新的历史起点上，中国财经出版传媒集团经济科学出版社精心策划、组织编写《中国道路》丛书有着更为显著的、重要的理论意义和现实意义。

《中国道路》丛书2015年策划启动，首批于2017年推出，其余各册将于2018年、2019年陆续推出。丛书列入"十三五"国家重点出版物出版规划项目、国家主题出版重点出版物和"90种迎接党的十九大精品出版选题"。

《中国道路》丛书编委会
2017年9月

前　言

1927年8月1日，南昌城头一声枪响，拉开了我们党武装反抗国民党反动派的大幕。这是中国共产党历史上的一个伟大事件，是中国革命史上的一个伟大事件，也是中华民族发展史上的一个伟大事件。南昌城头的枪声，像划破夜空的一道闪电，使中国人民在黑暗中看到了革命的希望，在逆境中看到了奋起的力量。南昌起义连同秋收起义、广州起义以及其他许多地区的武装起义，标志着中国共产党独立领导革命战争、创建人民军队的开端，开启了中国革命新纪元。

自那时起，中国共产党领导下的人民军队，就英勇投身为中国人民求解放、求幸福，为中华民族谋独立、谋复兴的历史洪流，同中国人民和中华民族的命运紧紧连在了一起。90年来，人民军队历经硝烟战火，一路披荆斩棘，付出巨大牺牲，取得一个又一个辉煌胜利，为党和人民建立了伟大的历史功勋。

这个伟大的历史功勋就是：英雄的人民军队，在党领导的22年武装革命斗争中，以无往不胜的英雄气概、坚韧不拔的革命毅力、灵活机动的战略战术、英勇顽强的战斗作风，克服了各种难以想象的艰难困苦，打败了国内外异常凶恶的敌人，夺取了土地革命战争、抗日战争、解放战争的伟大胜利，推翻了压在中国人民头上的三座大山，以鲜血和生命为建立人民当家做主的新

坚定不移地走中国特色强军之路

中国奠定了牢固根基，彻底扭转了中华民族近代以来落后挨打的被动局面；英雄的人民军队，积极投身社会主义革命和建设，全面履行保卫祖国、保卫人民和平劳动的职能，胜利进行抗美援朝战争和多次边境自卫作战，打出了国威军威，捍卫了祖国万里边疆和辽阔海疆，为巩固新生人民政权、形成中国大国地位、维护中华民族尊严提供了坚强后盾；英雄的人民军队，积极投身改革开放新的伟大革命，有力服务和保障国家改革发展稳定大局，依法履行香港、澳门防务职责，有效应对国家安全面临的各种威胁，坚决打击一切形式的分裂破坏活动，积极参与对外军事交流合作和联合国维和行动，为维护中国共产党领导和我国社会主义制度，为维护国家主权、安全、发展利益，为维护我国发展的重要战略机遇期，为维护地区和世界和平提供了强大力量支撑。

人民军队一路走来，紧跟党和人民事业发展步伐，在战斗中成长，在继承中创新，在建设中发展，革命化、现代化、正规化水平不断提高，威慑和实战能力不断增强。人民军队已经由过去单一军种的军队发展成为诸军兵种联合的强大军队，由过去"小米加步枪"武装起来的军队发展成为基本实现机械化、加快迈向信息化的强大军队。

党的十八大以来，以习近平同志为核心的党中央着眼于实现"两个一百年"奋斗目标、实现中华民族伟大复兴的中国梦，提出建设一支听党指挥、能打胜仗、作风优良的人民军队这一党在新形势下的强军目标，与时俱进创新军事战略指导，制定新形势下军事战略方针；在古田召开全军政治工作会议，大力加强政治建军，坚定不移开展党风廉政建设和反腐败斗争；推进全面深化国防和军队改革，建立军委管总、战区主战、军种主建的新格局，实现了人民军队组织形态的整体性重塑，迈出了构建中国特色军事力量体系的历史性步伐，人民军队体制一新、结构一新、格局一新、面貌一新；坚持依法治军、从严治军，推进治军方式根本性转变；坚持战斗力这个唯一的根本的标准，深入推进练兵

前　言

备战，坚决捍卫国家领土主权和海洋权益；深入贯彻新发展理念，更加注重聚焦实战，更加注重创新驱动，更加注重体系建设，更加注重集约高效，更加注重军民融合，不断提高人民军队建设质量和效益。经过5年努力，人民军队实现了政治生态重塑、组织形态重塑、力量体系重塑、作风形象重塑，人民军队重整行装再出发，在中国特色强军之路上迈出了坚实步伐。

历史蕴含规律，历史启迪未来。今天的世界，国际形势正发生前所未有之大变局；今天的中国，中国特色社会主义正全面向前推进。实现中华民族伟大复兴的中国梦，我们面临难得机遇，具备坚实基础，拥有无比信心。同时，我们必须清醒看到，前进道路从来不会是一片坦途，必然会面对各种重大挑战、重大风险、重大阻力、重大矛盾，必须进行具有许多新的历史特点的伟大斗争。

站在新的历史起点上，人们更加深切地感受到，中华民族走出苦难、中国人民实现解放，有赖于一支英雄的人民军队；中华民族实现伟大复兴，中国人民实现更加美好生活，必须加快把人民军队建设成为世界一流军队。我们要不忘初心、继续前进，坚定不移走中国特色强军之路，把强军兴军事业不断推向前进。

推进强军兴军事业，必须毫不动摇坚持党对军队的绝对领导，确保人民军队永远跟党走；必须坚持和发展党的军事指导理论，不断开拓马克思主义军事理论和当代中国军事实践发展新境界；必须始终聚焦备战打仗，锻造召之即来、来之能战、战之必胜的精兵劲旅；必须坚持政治建军、改革强军、科技兴军、依法治军，全面提高国防和军队现代化水平；必须深入推进军民融合发展，构建军民一体化的国家战略体系和能力；必须坚持全心全意为人民服务的根本宗旨，始终做人民信赖、人民拥护、人民热爱的子弟兵。中国始终是世界和平的建设者、全球发展的贡献者、国际秩序的维护者，中国军队始终是维护世界和平的坚定力量。中国军队将一如既往开展国际军事交流合作，共同应对全球性安全挑战，积极履行同中国国际地位相称的责任和义务，为推动构建人类命运共同体积极贡献力量。

　　回顾历史，人民军队已经创造辉煌业绩；展望未来，人民军队必将书写时代华章。让我们紧密团结在以习近平同志为核心的党中央周围，高举中国特色社会主义伟大旗帜，深入学习贯彻习主席系列重要讲话精神，用习主席国防和军队建设重要论述武装头脑、指导实践、推动工作，坚定不移走中国特色强军之路，为实现强军目标、建设世界一流军队，继续顽强拼搏，再创新的辉煌！

季　明
2017 年 9 月于国防大学·北京海淀区红山口

目 录

第一章 军队要为实现中华民族伟大复兴的中国梦提供坚强力量保证 …… 1

一、中国梦归根到底是人民的梦 / 1

二、中国梦与世界各国人民的美好梦想相通 / 5

三、实现中国梦对军队来说就要实现强军梦 / 7

第二章 正确认识和把握国防和军队建设的历史方位 …… 12

一、国际体系进入加速演变和深刻调整时期 / 12

二、我国安全形势正在发生新的深刻变化 / 15

三、走出一条中国特色国家安全道路 / 17

四、建设巩固的国防和强大的军队 / 19

五、扎实做好各方向各领域军事斗争准备 / 22

第三章 党在新形势下的强军目标 …… 27

一、建设强大的国防和军队是我们党的不懈追求 / 27

二、强军目标充分体现了我们党实现富国强军的战略运筹 / 39

三、强军目标开启国防和军队建设新征程 / 42

四、强军目标明确了加强军队建设的聚焦点和
着力点 / 45

五、把强军目标要求贯彻到部队建设各领域全过程 / 53

第四章　贯彻新形势下军事战略方针 ……………… 57

一、战略上赢得主动，党和人民事业就大有希望 / 57

二、积极防御战略思想是我军一贯坚持的总方针和
克敌制胜的法宝 / 60

三、深化对打什么仗、怎么打仗问题的研究 / 62

四、推动战略指导创新发展 / 64

五、为建设世界一流军队打下更为扎实的前进基础 / 68

第五章　中国特色强军道路上的政治建军 ………… 76

一、政治建军是人民军队的立军之本 / 76

二、新形势下必须加强政治建军 / 79

三、坚持党对军队绝对领导 / 85

四、把"四个带根本性的东西"牢固立起来 / 89

五、增强思想政治教育的时代性和感召力 / 91

六、开创军队政治工作新局面 / 97

第六章　确保部队能打仗、打胜仗 ……………… 100

一、必须扭住能打仗、打胜仗这个强军之要 / 100

二、牢固树立战斗力这个唯一的根本的标准 / 104

三、从实战需要出发从难从严训练 / 109

四、加快构建适应信息化战争和履行使命要求的现代
后勤和武器装备体系 / 114

五、为打赢未来战争提供坚强人才保证 / 117

目　录

第七章　全面实施改革强军战略 …………… 120
一、党中央、中央军委对深化国防和军队改革
　　作出部署 / 120
二、决定军队未来的关键一招 / 132
三、为贯彻强军目标提供强大动力和体制保障 / 133
四、构建中国特色现代军事力量体系 / 138
五、建设"四铁"军委机关 / 140
六、深入理解改革、坚决拥护改革、积极投身改革 / 142
七、在改革顺利推进中提供坚强政治保证 / 145

第八章　提高国防和军队建设法治化水平 …………… 148
一、贯彻依法治军、从严治军方针 / 148
二、按照法治要求转变治军方式 / 155
三、构建和完善中国特色军事法规制度体系 / 157
四、依法治官、依法治权 / 159

第九章　全面加强军队党的建设 …………… 162
一、搞好军队党的建设是军队建设发展的核心问题 / 162
二、增强党内生活的政治性、时代性、原则性、
　　战斗性 / 165
三、建设能够担当强军重任的高素质干部队伍 / 169
四、坚定不移实现军队作风根本好转 / 171
五、绝不让腐败分子在军队有藏身之地 / 175
六、军队党内监督的全新实践 / 177

第十章　在更广范围、更高层次、更深程度上
　　　　　推进军民融合 …………… 183
一、军民融合发展是兴国强军的国家战略 / 183

3

二、以强烈的责任担当推动军民深度融合发展 / 186
三、做好国防科技民用转化这篇大文章 / 188
四、建立健全国防动员体制机制 / 192
五、不断谱写军民鱼水情时代新篇 / 193

第十一章　在中国特色强军路上奏响阔步前进的高昂旋律 …………………………… 197

一、强军梦也是每个官兵的梦 / 197
二、坚定强军兴军的信心和决心 / 200
三、在强军兴军的广阔舞台上实现自己的人生价值 / 204

参考文献 / 214

第一章

军队要为实现中华民族伟大复兴的中国梦提供坚强力量保证

2012年11月29日,党的十八大闭幕不久,习近平总书记率中央政治局常委和中央书记处的同志来到国家博物馆,参观《复兴之路》展览。习主席在参观《复兴之路》基本陈列展览时发表重要讲话,向世界宣示:"实现中华民族伟大复兴,就是中华民族近代以来最伟大的梦想。"[①] 2013年3月,在十二届全国人大一次会议闭幕会上,习主席再次畅谈中国梦,强调"实现中华民族伟大复兴中国梦,就是要实现国家富强、民族振兴、人民幸福"[②]。中国梦的背后,蕴藏着中华儿女绵延已久的"家国天下"情怀,折射着中华民族内心深处的"命运共同体"意识,也凝聚着"振兴中华"的探索与奋斗。这个梦想是强国梦,对军队来说,也是强军梦。强国梦蕴含强军梦,强军梦支撑强国梦。

一、中国梦归根到底是人民的梦

习近平总书记深情指出:"现在,大家都在讨论中国梦,我

[①] 《习近平总书记系列重要讲话读本》,学习出版社、人民出版社2014年版,第25页。
[②] 《习近平总书记系列重要讲话读本》,学习出版社、人民出版社2014年版,第28页。

以为，实现中华民族伟大复兴，就是中华民族近代以来最伟大的梦想。"① 此后，他又在国内外很多重要场合，对中国梦进行了深刻阐述。中华民族伟大复兴的中国梦一经提出，就产生强大的号召力和感染力。干部群众畅想中国梦，社会舆论聚焦中国梦，港澳台同胞心系中国梦，海外华人述说中国梦，国际社会关注中国梦，中国梦成为中国走向未来的鲜明指引，成为激励中华儿女团结奋进、开辟未来的一面精神旗帜。

（一）中国梦凝聚了几代中国人的夙愿

只有创造过辉煌的民族，才懂得复兴的意义；只有历经过苦难的民族，才对复兴有如此深切的渴望。

中华民族的昨天，是"雄关漫道真如铁"。近代以后，中华民族遭受的苦难之重、付出的牺牲之大，在世界历史上都是罕见的。但是，中国人民从不屈服，不断奋起抗争。为了民族复兴，几代人魂牵梦萦，亿万人心结难解。历经上下求索、千辛万苦，中华民族终于在中国共产党的正确领导下，掌握了自己的命运，建立了新中国，确立了社会主义制度，开始了建设自己国家的伟大进程。

中华民族的今天，是"人间正道是沧桑"。改革开放以来，我们总结历史经验，不断艰辛探索，终于找到了实现中华民族伟大复兴的正确道路，取得了举世瞩目的伟大成就。在中国特色社会主义道路上，我国经济实力、综合国力大大增强，人民生活显著改善，实现了从温饱不足到总体小康再向全面小康迈进的跨越。国际地位和国际影响力空前提升，中国崛起被国际舆论称为"近年来最重要的全球变革"。

中华民族的明天，是"长风破浪会有时"。经过鸦片战争以

---

① 《承前启后继往开来朝着中华民族伟大复兴目标奋勇前进》，载于《人民日报》2012年11月30日。

来 170 多年的持续奋斗，中华民族伟大复兴展现出光明的前景。深藏于中国人民心中的民族复兴梦想，就要梦想成真。正如习近平总书记指出的："现在，我们比历史上任何时期都更接近中华民族伟大复兴的目标，比历史上任何时期都更有信心、有能力实现这个目标。"①

中华民族的昨天、今天和明天，熔铸于百余年中国波澜壮阔、沧桑巨变的历史图景，镌刻于几代人为民族复兴奋斗的艰辛历程，发人深省、催人奋进。中国梦，反映了近代以来一代又一代中国人的美好夙愿，进一步揭示了中华民族的历史命运和当代中国的发展走向，指明了全党全国各族人民共同的奋斗目标。这一重要战略思想，是以习近平同志为核心的党中央对全体人民的庄严承诺，是党和国家面向未来的政治宣言，充分体现了我们党高度的历史担当和使命追求，为坚持和发展中国特色社会主义注入了崭新内涵。

（二）中国梦体现了中华民族和中国人民的整体利益

中国梦视野宽广、内涵丰富、意蕴深远。习近平总书记指出："中国梦的本质是国家富强、民族振兴、人民幸福。"② 这个梦想，把国家的追求、民族的向往、人民的期盼融为一体，体现了中华民族和中国人民的整体利益，表达了每一个中华儿女的共同愿景。正因为如此，中国梦具有广泛的包容性，成为回荡在 14 亿人心中的高昂旋律，是中华民族团结奋斗的最大公约数。

"家是最小国，国是千万家。"国泰而民安，民富而国强。

---

① 习近平：《在纪念孙中山先生诞辰 150 周年大会上的讲话》，载于《人民日报》2016 年 11 月 11 日。
② 《习近平总书记系列重要讲话读本》，学习出版社、人民出版社 2014 年版，第 28 页。

中国梦的最大特点，就是把国家、民族和个人作为一个命运共同体，把国家利益、民族利益和每个人的具体利益紧紧联系在一起，体现了中华民族的"家国天下"情怀。实现中国梦，意味着中国经济实力和综合国力、国际地位和国际影响力大大提升，意味着中华民族以更加昂扬向上、文明开放的姿态屹立于世界民族之林，意味着中国人民过上更加幸福安康的生活。

（三）中国梦的深厚源泉在于人民，根本归宿也在于人民

人民是中国梦的主体，是中国梦的创造者和享有者。中国梦不是镜中花、水中月，不是空洞的口号，其最深沉的根基在中国人民心中，必须紧紧依靠人民来实现，必须不断为人民造福。我们的人民是伟大的人民，中国人民素来有着深沉厚重的精神追求，即使近代以来饱尝屈辱和磨难，也没有自弃沉沦，而是始终怀揣梦想，向往光明的未来。实现中华民族伟大复兴，不是哪一个人、哪一部分人的梦想，而是全体中国人民共同的追求；中国梦的实现，不是成就哪一个人、哪一部分人，而是造福全体人民。因此，中国梦的深厚源泉在于人民，中国梦的根本归宿也在于人民。

"得其大者可以兼其小。""宏大叙事"的国家梦，也是"具体而微"的个人梦。历史告诉我们，每个人的前途命运都与国家和民族的前途命运紧密相连。国家好，民族好，大家才会好。中国这么大一个国家，就像是在大海中航行的一艘超级巨轮。在这艘巨轮上，我们每个人都是"梦之队"的一员，都是中国梦的参与者、书写者，都应当同舟共济、齐心协力、奋勇前行。当今时代是放飞梦想的时代，每个人都有自己的美好梦想。中国梦的广阔舞台，为个人梦想提供了蓬勃生长的空间；每个人向着梦想的不断努力，又都是实现伟大中国梦的一分力量。只要每个人都把人生理想融入国家和民族的伟大梦想之中，敢于有梦、勇于追梦、勤于圆梦，就会汇聚成实现中国

第一章　军队要为实现中华民族伟大复兴的中国梦提供坚强力量保证

梦的强大力量。

（四）实现中华民族伟大复兴是海内外中华儿女的共同梦想

香港、澳门与祖国内地的命运始终紧密相连，实现中国梦需要香港、澳门与祖国内地坚持优势互补、共同发展，需要港澳同胞与内地人民坚持守望相助、携手共进。中国梦与台湾的前途息息相关，两岸同胞要相互扶持，不分党派，不分阶层，不分宗教，不分地域，都参与到民族复兴的进程中来，凝聚两岸一家亲、共圆中国梦的力量。广大海外侨胞有着赤忱的爱国情怀、雄厚的经济实力、丰富的智力资源、广泛的商业人脉，是实现中国梦的重要力量。只要海内外中华儿女紧密团结起来，有力出力，有智出智，团结一心奋斗，就一定能够共同书写中华民族发展的时代华章。

二、中国梦与世界各国人民的美好梦想相通

如何看待中国梦与世界其他国家人民梦想的关系，中国梦将给世界带来什么？对此，习近平总书记多次宣示：中国梦是和平、发展、合作、共赢的梦，与世界各国人民的美好梦想相通。[①] 中国人民愿意同各国人民在实现各自梦想的过程中相互支持、相互帮助。中国将始终做全球发展的贡献者，坚持走共同发展道路，继续奉行互利共赢的开放战略，将自身发展经验和机遇同世界各国分享，欢迎各国搭乘中国发展"快车""便车""顺风车"，实现共同发展，让大家一起过上好日子。

---

① 《习近平总书记系列重要讲话读本》，学习出版社、人民出版社2014年版，第35页。

（一）中国梦在国际社会产生强烈反响

中国梦不仅在国内引发强烈共鸣，而且在国际社会产生强烈反响。"中国梦对世界具有吸引力"，"中国的梦想，不仅关乎中国的命运，也关系世界的命运"，① 成为国际社会对中国梦的主流认识。同时，国际社会也出现一些曲解和误读、疑虑和猜忌。面对中国的"块头"不断长大，有些人开始担心，也有一些人总是戴着有色眼镜看中国，认为中国发展起来了必然是一种"威胁"，将中国梦曲解为"扩张梦""霸权梦"，一定会跌入所谓大国冲突对抗的"修昔底德陷阱"，甚至把中国描绘成歌德《浮士德》中可怕的"墨菲斯托"。

（二）中国梦是追求和平的梦

中国梦需要和平，只有和平才能实现梦想。中华民族历来就是爱好和平的民族，天下太平、共享大同是中华民族绵延数千年的理想。中国历史上曾经长期是世界上最强大的国家之一，但没有留下殖民和侵略他国的记录。鸦片战争以来，中国内部战乱和外敌入侵频频发生，中国人民对战争带来的苦难有着刻骨铭心的记忆，对和平有着孜孜不倦的追求，十分珍惜和平安定的生活。中国人民怕的就是动荡，求的就是稳定，盼的就是天下太平。我们将坚定不移走和平发展道路，既努力争取和平的国际环境发展自己，又以自身的发展促进世界和平。"中国这头狮子已经醒了，但这是一只和平的、可亲的、文明的狮子。"② 作为负责任大国，中国决不会称霸，决不搞扩张，中国越发展，对世界和平与发展就越有利。

---

① 《习近平总书记系列重要讲话读本》，学习出版社、人民出版社2014年版，第35页。
② 《习近平总书记系列重要讲话读本》，学习出版社、人民出版社2014年版，第36页。

（三）中国梦不仅造福中国人民而且造福各国人民

"穷则独善其身，达则兼善天下。"这是中华民族始终崇尚的品德和胸怀。作为一个拥有14亿多人口的发展中大国，中国一心一意办好自己的事情，实现国家发展和稳定，本身就是对世界的巨大贡献。同时，中国发展对世界各国是重要机遇。中国正在加快推进新型工业化、信息化、城镇化、农业现代化，新的经济增长点将不断涌现。这将为国际和地区伙伴提供更广阔的市场、更充足的资本、更丰富的产品、更宝贵的合作契机。这对世界经济发展无疑是重大利好。中国的发展，是世界和平力量的壮大，是传递友谊的正能量。历史将证明，实现中国梦给世界带来的是机遇不是威胁，是和平不是动荡，是进步不是倒退。随着国力不断增强，中国将进一步发挥负责任大国的作用，在力所能及的范围内承担更多国际责任和义务，为人类和平与发展的崇高事业作出更大贡献。

三、实现中国梦对军队来说就要实现强军梦

华者谓之美，夏者谓之大。我们这个民族，有数千年悠久的历史，创造了灿烂的物质文明和精神文明。英国学者安格斯·麦迪森在《世界经济千年史》中估算，中国从公元1000年开始，经济总量一直占到世界的1/5以上。然而，这样的"老大帝国"，却是以一种屈辱的姿态进入近代史的。1840年鸦片战争以来，中国从一个曾经繁盛的泱泱大国变为任由西方列强宰割的对象。为了救亡图存，无数先辈上下求索、生死追寻，发出"拼将十万头颅血，须把乾坤力挽回"的呐喊，但由于缺少一个先进阶级和政党的领导，由于没有一支强大的军队，虽付出"春云碧血，秋

雨黄花"的牺牲，却留下"有心杀贼，无力回天"的悲愤。强军梦不圆，中国梦难圆。历史昭示我们，没有强大的军事力量作支撑，国家的繁荣兴盛就没有安全保障，实现民族复兴只能是海市蜃楼。

（一）大国兴衰更替的背后蕴藏着一条历史铁律

从世界大国崛起的过程看，无论是西班牙、葡萄牙、荷兰、英国，还是今天的美国，一幕幕大国兴衰的历史活剧不断上演，兴衰更替的背后蕴藏着一条历史的铁律：没有富的国就没有强的军，没有强的军，富的国也难以支撑。美国耶鲁大学教授保罗·肯尼迪说，历史上大国的崛起，始于经济和科技的发达，以及随之而来的军事强盛和对外征战扩张；大国的衰落，起于国际生产力中心转移，过度侵略扩张以及由此造成的经济和科技的相对衰退落后。穷兵黩武固然是导致大国衰落的重要原因，但建设强大军队又是大国崛起不可或缺的重要条件。近代以来，中国面对西方列强的侵略，落后的军事成为最先倒下的那一块"多米诺骨牌"，军事力量的坍塌给国家造成了灾难性后果，割地、赔款、求和成为晚清政府外交的常态。回顾历史不难发现，中国近代的失败，并非经济总量不如西方，最直接的还在于国家缺乏将经济实力转化为军事实力的能力。今天的中国，正处在由大向强迈进的关键阶段，中华民族伟大复兴绝不是轻轻松松、顺顺当当就能实现的，我们越发展壮大，遇到的阻力和压力就会越大，面临的风险和考验就会越多。实现从大国向强国的跨越，必须建立起一支与国际地位相称、与国家安全和发展利益相适应的巩固国防和强大军队。

改革开放以来，中国逐渐进入全球化的坐标体系。近40年里，我们写下了让世界惊叹的"中国故事"，在不断探索和奋斗中，我们形成和发展了中国特色社会主义道路。这条通往梦想之路，以和平发展筑梦，靠自力更生圆梦，与人类文明进步相通相融。在能源消耗上，美国人均年消耗石油22桶以上，中国只能在人均年消耗石油2桶的情况下，以不断降低能耗求得发展；在人口流动上，19世纪欧洲通过向海外移民，建立殖民地开疆拓土，而中国则在自己的土地上解决农村人口转移问题；在增强综合国力上，中国不搞军备竞赛，也不搞对外输出革命，而是坚持科学发展、自主发展、和平发展、合作发展、共同发展。在全球化的背景下，中国梦的实现以追求和平和谐为先决条件，我们决不会以实现中国梦损害他国利益，但也决不会吞下牺牲国家民族安全发展利益的苦果。党的十八大强调，中国军队始终是维护世界和平的坚定力量。中国军队越强大，维护世界和平与发展稳定的力量也就越强大，我国发展的外部和平环境就越有保障，实现中国梦就越有坚强有力的安全支撑。

实现中华民族伟大复兴，是中华民族近代以来最伟大的梦想，也是我们党的奋斗目标。实现中国梦对军队来说就要实现强军梦。没有一支强大的军队，没有一个巩固的国防，中国梦就难以真正实现。习主席指出："国防和军队建设，必须放在实现中华民族伟大复兴这个大目标下来认识和推进，服从和服务于这个国家和民族最高利益。"[①]

（二）在新的历史起点上加快推进国防和军队现代化

中国特色社会主义是实现中国梦的必由之路，把国防和军队建设搞上去，是坚持和发展中国特色社会主义的内在要求。中国特色社会主义是党和人民长期实践取得的根本成就，是近代以来中国社会发展的必然选择，发展中国特色社会主义是一项长期的艰巨的历史任务，必须准备进行具有许多新的历史特点的伟大斗争，巩固的国防和强大的军队，对坚持党的执政地位、坚持和发

[①] 《习近平在十二届全国人大一次会议解放军代表团全体会议上的讲话》，载于《解放军报》2013年3月11日。

展中国特色社会主义、实现国家长治久安,具有特别重要的作用。实现国防和军队现代化,既是社会主义现代化建设的战略任务,又是赢得新的伟大斗争的重要保证。我们必须着眼坚持和发展中国特色社会主义,在新的历史起点上加快推进国防和军队现代化,努力建设同我国国际地位相称、同国家安全和发展利益相适应的巩固国防和强大军队,为在中国特色社会主义道路上实现中国梦提供重要力量支撑和坚强安全保证。

(三) 以只争朝夕的精神推进国防和军队现代化

中华民族伟大复兴绝不是轻轻松松、顺顺当当能实现的,国防和军队建设是国家安全的坚强后盾。我们越发展壮大,遇到的阻力和压力就会越大,面临的外部风险就会越多。这是我国由大向强发展进程中无法回避的挑战,是实现中华民族伟大复兴绕不过的门槛。现阶段我国发生大规模外敌入侵的战争可能性不大,但因外部因素引发武装冲突甚至局部战争的可能性始终存在。军队要增强忧患意识、危机意识、使命意识,充分认识我国安全和发展面临的新形势新挑战,充分认识国防和军队建设的重要地位和作用,搞清楚国家安全和发展大势,把握好我军使命任务,以只争朝夕的精神推进国防和军队现代化,把军队搞得更强大,担当起维护国家主权、安全、发展利益的重大责任。

(四) 把每个官兵的个人理想抱负融入强军梦的实践

中国梦、强军梦是人民的梦、国家的梦、军队的梦,也是每个官兵的梦。"得其大者可以兼其小。"每个人的前途命运都与国家和民族的前途命运紧密相连,中国梦、强军梦为每名官兵实现个人梦想提供了广阔空间,每名官兵有奋斗有担当,强军兴军就有希望、有力量。要充分发挥广大官兵为实现强军目标而奋斗的积极性、主动性和创造性,教育引导官兵牢记强军目标,坚定

第一章 军队要为实现中华民族伟大复兴的中国梦提供坚强力量保证

强军信念,献身强军实践,把个人成长与实现强军梦紧密结合起来,努力在强军兴军征程中书写出彩的军旅人生。各级要关心官兵全面发展,为他们在军营成长成才、建功立业创造有利条件,形成同心实现强军梦的生动局面。

第二章

正确认识和把握国防和军队建设的历史方位

筹划推进国防和军队建设，首先要观大势、观全局。当今世界正发生前所未有之大变局，我国正处于由大向强发展的关键阶段，我军正经历着一场革命性变革。深刻分析、科学研判和准确把握当前所处的历史方位和国际国内形势，是坚定不移地走中国特色强军之路，在新的历史起点上加快推进国防和军队现代化的基本依据。

一、国际体系进入加速演变和深刻调整时期

当前，国际形势正处在新的转折点上，各种战略力量加快分化组合，国际体系进入了加速演变和深刻调整的时期。

（一）国际力量对比正在发生近代以来最具革命性的变化

国际战略格局发生重大变化。过去的几百年间，国际力量格局发生的几次大的变化都是在西方内部，现在新兴市场国家和发展中大国力量显著上升，对西方在国际格局中的地位产生重大冲击，导致国际力量加快分化组合，大国关系进入全方位角力新阶段。

第二章　正确认识和把握国防和军队建设的历史方位

全球治理体系发生重大变化。过去几个西方国家凑在一起就能决定世界大事的时代已经一去不复返了，全球治理正在从列强通过战争、殖民、划分势力范围等方式争夺利益和霸权，向各国通过制定国际规则、相互协调关系和利益的方式演进。

全球地缘政治棋局发生重大变化。世界经济和战略重心向亚太地区转移，亚太地区成为大国战略竞争和博弈的焦点，这是数百年来全球地缘政治棋局演变的最大特点。

综合国力竞争发生重大变化。新一轮科技革命、产业革命、军事革命加速推进，综合国力竞争在经济、科技、军事等领域全面展开，这将从根本上影响世界发展进程和走向。

（二）军事技术和战争形态出现革命性变化

在当今前所未有的大变局中，军事领域发展变化广泛而深刻，是世界大发展、大变革、大调整的重要内容之一。这场军事领域发展变化，以信息化为核心，以军事战略、军事技术、作战思想、作战力量、组织体制和军事管理创新为基本内容，以重塑军事体系为主要目标，正在推动新军事革命深入发展，其速度之快、范围之广、程度之深、影响之大，为第二次世界大战结束以来所罕见。

当前，新一轮科技革命和产业变革正在孕育兴起，信息技术、生物技术、新材料技术等战略高新技术日新月异，军事电子信息技术快速发展，纳米技术、临近空间技术、高超声速技术不断突破。新概念武器向实战化方向发展，武器装备远程精确化、智能化、隐身化、无人化趋势明显，战场不断从传统空间向新兴领域拓展，高超声速武器将从根本上改变传统的战争时空观念，战争形态加速由机械化向信息化演变。太空和网络攻防技术成为军事竞争新的制高点，特别是网络空间安全很容易成为国家安全的"阿喀琉斯之踵"。

世界新军事革命，直接影响着国家的军事实力和综合国力，本质是争夺战略主动权。面对风起云涌的军事革命浪潮，世界各主要国家纷纷调整安全战略、军事战略，调整军队组织形态，抢占军事战略制高点，美军在总结反思近几场局部战争经验教训基础上推动"二次转型"，加紧实施"第三次抵消战略"，不遗余力进行军事技术和体制创新。俄罗斯围绕建设"职业化、常备化、精干化"军队深入推进"新面貌"军事改革，提出"创新型军队"建设理论，着力打造信息化新型军事力量。英国、法国、德国、日本、印度等国也不断采取新的重大军事举措。围绕谋取军事优势地位、争夺军事战略主动权的国际竞争进一步加剧。世界新军事革命加速发展的趋势，对我国加强国防和军队建设提供了难得的历史机遇，同时也提出了严峻挑战。机遇稍纵即逝，抓住了就能乘势而上，抓不住就可能错过整整一个时代，而军事上的落后一旦形成，对国家安全的影响将是致命的。

（三）中国发展壮大是推动国际格局和国际体系深刻调整最重要的动因

新中国成立以来，特别是改革开放近40年来，中国特色社会主义建设取得巨大成就，经济发展、政治安定、民族团结，社会稳定的良好局面得到长期保持。我国已成为世界第二大经济体，经济实力、科技实力、国防实力、国际影响力又上了一个大台阶，综合国力、核心竞争力、抵御风险能力显著增强，我们可以继续为我国发展营造良好外部环境。"风乍起，吹皱一池春水。"现在，我们前所未有地靠近世界舞台中心，前所未有地接近实现中华民族伟大复兴的目标，前所未有地具有实现这个目标的能力和信心。我国日益增强的综合国力正在转化为国际政治、经济、安全等领域的话语权和影响力。虽然这需要一个过程，但正处在加速度的进程之中。我国同国际社会的互联互动变得空前紧密，世界对我国的依靠、对我国的影响不断加深，我国对世界的依靠、对国际事务的参与也在不断加深，世界从来没有像今天这样关注中国、重视中国，我们的战略回旋空间不断扩大；中国的安全和发展也越来越受到外部因素的影响，其中不少问题对我国的影响更为直接。

二、我国安全形势正在发生新的深刻变化

随着我国快速发展壮大，一些西方国家的焦虑感不断上升。不论是从国际战略格局上，还是从意识形态上，他们是绝对不愿意看到中国共产党领导的社会主义中国发展壮大的，阻滞我国发展的图谋一刻也未停止，对我国的戒备和防范心理越来越重，千方百计对我国发展进行牵制和遏制。西方敌对势力加大对我国实施西化、分化战略的力度，加紧对我国进行意识形态攻势，公然宣称要搞垮中国，要让中国高层领导形象丑化、马列主义信仰虚化、干部队伍腐化、民众政治意识淡化。我们同西方敌对势力之间渗透和反渗透、破坏和反破坏、颠覆和反颠覆的斗争是长期的、复杂的，有时甚至是尖锐的。

（一）我国地缘战略环境日趋复杂，家门口生乱生战的可能性增大

我国地缘战略环境日趋复杂，存在多重不稳定因素，面对多方向安全压力。美国为强化对亚太地区的战略控制，推进亚太"再平衡"战略，插手介入地区热点问题，对华遏制和强硬的一面更加突出。一些国家安全战略和军事战略的外向性和进攻性明显增强，视我国为主要战略对手，积极充当美国重返亚太的马前卒，在我国周边四处煽风点火，频频对我国核心利益发起挑战。我国周边一些热点地区局势充满变数，恐怖主义、分裂主义、极端主义活动猖獗，地区军事安全因素趋于突出，给我国周边安全稳定带来不利影响，我们家门口生乱生战的可能性增大。

（二）我国海上安全环境对我国安全战略全局的影响更加突出

海洋是一个国家的战略资源，世界海洋资源开发潜力巨大。我国既是陆地大国，也是海洋大国，拥有广泛的海洋战略利益。当前，我国已经进入从陆权国家向陆权海权兼备国家迈进的关键阶段，海上方向对国家安全和发展战略全局的影响愈发凸显。一些亚洲国家纷纷制定和实施具有扩张性的海洋战略，不断在钓鱼岛、南海等岛屿归属和海域划界问题上挑起事端、企图联手对华，侵蚀侵犯我国领海主权和海洋权益，围绕海上争端的斗争将是长期的、艰巨的。还要看到，随着国家推进全方位对外开放，"一带一路"建设深入实施，走出去的深度、广度、节奏前所未有，我国国家利益快速向海外扩展和延伸，国际市场、海外能源资源、战略通道和资产安全及海外机构、人员面临的恐怖袭击风险明显上升，维护国家安全和发展利益的压力增大。

（三）新形势下维护国家政治安全和社会稳定增加了新的难度

新形势下国家安全和社会安定面临的危险和挑战增多，维护国家统一和社会稳定的任务艰巨繁重。两岸关系发展面临方向抉择，影响台海局势稳定的根源始终存在，"台独"势力分裂祖国的危险始终存在。恐怖主义成为影响我国安全和发展的重大现实威胁，新疆暴力恐怖势力加紧策划活动，达赖集团暴力化倾向有所抬头，境外"三股势力"加紧向我国渗透，暴力恐怖活动范围不断扩大，组织更加严密，手段更加残忍。我国正处在改革攻坚期和矛盾凸显期，作用力和反作用力、正能量和负能量是一个问题的两个方面。西方国家完成工业化用了两三百年的时间，我们几十年就可以基本走完了。西方国家用了两三百年释放能量化解矛盾，是一个缓释的过程，但我国的社会矛盾是急剧释放的。这里边产生的冲击力可想而知。现在，经济社会变革、利益关系变化、社会格局调整的速度、广度和深度前所未有，转方式、调结构力度也前所未有，一些社会矛盾特别是热点敏感问题诱因多样化，燃点低、爆点多，维护社会大局稳定压力增大。现实世界安全和虚拟世界安全相互影响，互联网成为舆论斗争的主战场，敌对势力把互联网、手机等新兴媒体作为寻衅滋事和扩散升级社会矛盾的重要渠道。这些都给我们维护国家政治安全和社会稳定增加了新的难度。

三、走出一条中国特色国家安全道路

大变局带来大机遇，也带来大挑战。机遇和挑战并存，机遇越大、挑战就越大，这是辩证法。

（一）世界依然面临着现实和潜在的战争威胁

尽管国际形势急剧变化，但和平与发展的时代主题没有变，世界多极化和经济全球化深入发展的大趋势没有变，国际力量对比有利于保持世界形势总体稳定的大环境没有变，和平、发展、合作、共赢的时代潮流更加强劲。同时，天下仍很不太平，国际竞争的"丛林法则"并没有改变，霸权主义、强权政治和新干涉主义有所上升，世界范围内领土主权争端、大国地缘竞争、军事安全较量、民族宗教矛盾等问题更加凸显，保护主义、民粹主义、狭隘民族主义升温，地区热点问题此起彼伏，军备竞争、恐怖主义、网络安全等传统安全威胁和非传统安全威胁相互交织，导致局部动荡频繁发生，和平发展道路坎坷不平。综合分析，世界依然面临着现实和潜在的战争威胁，世界急剧变化增大了我国安全的不稳定性、不确定性，我国安全和发展的国际环境更加复杂。

（二）我国发展重要战略机遇期内涵发生深刻变化

当前和今后一个时期，我国发展仍处于可以大有作为的重要战略机遇期，同时重要战略机遇期内涵发生深刻变化。"安而不忘危，存而不忘亡，治而不忘乱。"我们党要巩固执政地位，要团结带领人民坚持和发展中国特色社会主义，要赢得具有许多新的历史特点的伟大斗争，保证国家安全是头等大事，必须始终把维护国家安全和社会安定作为党和国家的一项基础性工作。现在，我国国家安全内涵和外延比历史上任何时候都要丰富，时空领域比历史上任何时候都要宽广，内外因素比历史上任何时候都要复杂，必须准确把握国家安全形势变化新特点、新趋势，坚持总体国家安全观，以人民安全为宗旨，以政治安全为根本，以经济安全为基础，以军事、文化、社会安全为保障，以促进国际安全为依托，走出一条中国特色国家安全道路。

（三）当前是我国发展面临的各方面风险不断积累甚至集中暴露的时期

我们面临的重大风险，既包括国内的经济、政治、意识形态、社会风险以及来自自然界的风险，也包括国际经济、政治、军事风险等。今后一段时期，可能是我国发展面临的各方面风险不断积累甚至集中暴露的时期。如果发生重大风险又扛不住，国家安全就可能面临重大威胁，全面建成小康社会进程就可能被迫中断。"图之于未萌，虑之于未有。"要适应全面建成小康社会决胜阶段的国家安全战略需求，高度警惕国家被侵略、被颠覆、被分裂的危险，高度警惕改革发展稳定大局被破坏的危险，高度警惕中国特色社会主义发展进程被打断的危险，力争不出现重大风险或在出现重大风险时扛得住、过得去。

（四）构建综合一体的国家安全体系

贯彻落实总体国家安全观，必须既重视外部安全，又重视内部安全；既重视国土安全，又重视国民安全；既重视传统安全，又重视非传统安全；既重视发展问题，又重视安全问题；既重视自身安全，又重视共同安全，构建集政治安全、国土安全、军事安全、经济安全、文化安全、社会安全、科技安全、信息安全、生态安全、资源安全、核安全等于一体的国家安全体系。军事安全在国家安全中占有极为重要的地位，军事手段在维护国家安全中发挥着至关重要的作用。军队要充分认清国家安全形势的复杂性和严峻性，树立底线思维，保持战略清醒．始终立足最复杂最困难的情况，着眼应对最严重的事态谋划和推进国防和军队建设。

四、建设巩固的国防和强大的军队

不断加强国防和军队建设，建设巩固的国防和强大的军队，才能有效应对多种安全威胁，才能有效维护国家安全、巩固党的执政地位，才能为国家的和平发展营造稳定有利的外部环境，才能同强大的竞争对手分享和平发展利益。

（一）建设与我国国际地位相称的国防和军队是历史的要求

经过新中国成立60多年尤其是改革开放以来的快速发展，中华民族伟大复兴的轮廓已经初步、清晰地显现出来。我国的政治、经济、文化、外交等方面的影响力和辐射力不断增强，国际地位不断提升。伴随着国家的快速发展，一系列矛盾和问题也愈发突出。在这种背景下，究竟采用什么样的方式来保障中国这只巨轮能够在大风大浪中顺利前行？是单纯追求经济的富足，还是走富国强军相统一的道路，不断增强国防和军事实力？这是一个必须作出科学回答的重大历史课题。历史雄辩地证明，雄厚的经济实力是一个国家强大的基础，但倘若没有相应的国防实力和军事能力，国家和民族就会面临灾难。我国北宋时期社会经济高度发展，文化生活空前繁荣，经济总量占世界的比重非常之高，但由于"刀枪入库，马放南山"，面对金军入侵宋军竟然毫无还手之力，最终导致了北宋王朝的覆灭。鸦片战争前，占当时世界1/3经济总量的中国，由于清政府腐败无能，军事武器装备陈旧落后，拥有100多万军队的大清帝国，竟然被数千英军所击败，不得不割地赔款求和，使中华民族陷入了长达一百多年半封建半殖民地的深渊之中。今天的中国在现在的起点上，要全面实现现代化，达到经济发达、政治民主、文化繁荣、社会和谐、生态文明的新社会，成为具有强大国际影响力的国家实体，进而实现全面和持续的民族复兴，基本前提是统筹国家安全与发展战略全局，将安全与发展铸造成为体现国家整体利益的"一块整钢"，建设巩固的国防和强大的军队。

（二）建设与我国国家安全和发展利益相适应的国防和军队是时代的呼唤

当代中国的崛起和发展，面临着极为复杂的安全和发展的态势。作为目前正在崛起的最大的发展中国家，要应对来自以美国为首的西方列强对中国战略发展空间的打压和排挤；作为一个尚未完成统一的国家，完成祖国统一大业的任务格外繁重；作为一个周边安全环境不稳定的国家，面临着世界上最为复杂的大国地缘政治生态环境；作为当代最有影响的社会主义国家，要始终应对来自西方世界的"西化""分化""妖魔化"等种种挑战；作为不结盟国家，没有他国或军事联盟的军力联合或保护，需要独立发展防卫力量；作为处于军事变革的国家，要始终面临世界军事变革加速推进引起的动态安全压力；作为一个战略利益不断拓展的国家，面临着国际既定利益和力量格局的阻碍和限制；作为一个自然灾害频发的国家和经济社会转型的国家，抢险救灾、应对突发事件的任务格外繁重；作为一个由传统经济向现代化转变的后发国家，在经历一个经济粗放发展和量的急剧扩张之后，需要大幅提升产业结构，提高信息化时代的国家核心竞争力。这种

第二章　正确认识和把握国防和军队建设的历史方位

复杂的安全和发展态势，对实现中华民族伟大复兴提出了一条必须长期坚守、不能有丝毫动摇的底线，必须始终保持巩固的国防和强大的军队！

（三）建设巩固的国防和强大的军队是历史经验的科学总结

在新中国成立60多年的历史中，如何立足于社会主义实践需要对国防和军队建设科学定位，是中国共产党人始终探索的重大战略问题。以毛泽东同志为核心的党的第一代中央领导集体，在探索社会主义建设道路、勾画社会主义现代化宏伟蓝图时，就把国防现代化作为社会主义现代化总体布局的重要组成部分，提出要实现工业、农业、国防和科学技术四个现代化。党的十一届三中全会以后，我们党带领人民开辟了中国特色社会主义道路。以邓小平同志、江泽民同志为核心的党的第二代、第三代中央领导集体，不断深化对中国特色社会主义的探索和研究，逐步确立了经济、政治、文化建设协调发展的中国特色社会主义事业总体布局，并把国防和军队建设纳入这一总体布局。新世纪新阶段，以胡锦涛同志为总书记的党中央抓住重要战略机遇期，在全面建设小康社会进程中推进实践创新、理论创新和制度创新，提出构建社会主义和谐社会、加快生态文明建设等重大战略思想，中国特色社会主义事业总体布局又有了新的拓展。基于中国特色社会主义总体布局的新要求，党的十八大报告鲜明提出了"建设与我国国际地位相称、与国家安全和发展利益相适应的巩固国防和强大军队"的战略目标，把我们党对国防和军队建设重要性的认识提高到了新的战略高度。加强国防和军队建设，是发展中国特色社会主义的战略任务，是实现中华民族复兴的内在要求，是推进社会主义经济建设、政治建设、文化建设、社会建设和生态建设的重要保障。从这个意义上说，党的十八大提出的巩固的国防和强大的军队建设目标，是深刻总结我国两大建设协调发展和世界大国崛起的历史经验教训、分析中国发展和崛起的基本约束条件之后确定的战略定位。有了这个科学定位，中国特色社会主义事业和民族复兴伟业就有了最根本的保障。党的十八大以来，以习近平同志为核心的党中央对国防和军队建设高度重视、亲抓实抓，着眼中华民族伟大复兴这个最高利益，立足国家安全和发展战略全局，围绕强军兴军作出一系列重要论述，提出一系列重大战略思想、重大理论观点、重大决策部署，深刻阐明了新形势下国防和军队建设带根本性、方向性、全局性的重大问题，在习主席、党中央和中央军委的英明领导下，经过全党、全军、全国各族人民的共同奋斗，国防和军队建设取得了辉煌成就，迈上了新的台阶。

五、扎实做好各方向各领域军事斗争准备

军事斗争准备是军队的基本实践活动，是维护和平、遏制危机、打赢战争的重要保证。当前我们所面临的国际安全形势与国家安全环境，就要求我们必须提高信息化条件下威慑和实战能力，必须坚持军事斗争准备龙头地位不动摇、扭住核心军事能力建设不放松，扎实做好各方向各领域军事斗争准备，努力把军事斗争准备提高到一个新水平。

（一）在加强形势研判中拓展和深化军事斗争准备

我国地缘战略环境复杂，各战略方向、各安全领域都存在不同威胁和挑战。军事斗争准备必须抓住主要矛盾，把对国家安全和发展利益具有最大威胁、最具关键意义的方向作为主要战略方向，同时主要战略方向与其他战略方向也是相互联系、相互影响、相互转化的。历史上经常有这种情况：战争在重点准备的战略方向没打起来，却在其他战略方向爆发了。要统筹推进各方向的军事斗争准备，增强军事斗争准备的针对性，既要通盘谋划，

第二章 正确认识和把握国防和军队建设的历史方位

确保战略全局稳定,又要突出重点,扭住关系全局的战略枢纽,把主要战略方向和其他战略方向统一起来,逐步形成能够相互策应、相互支援的统一战场和更为有利的作战布势,以保持战略全局的平衡和稳定。

我国是一个海洋大国,随着海洋经济的快速发展,我国在维护国家海洋权益方面面临十分严峻的挑战,岛屿被侵占、海域被瓜分、资源被掠夺、渔民被抓扣、科考受干扰等问题十分突出。要确保国家长治久安和可持续发展,必须高度重视经略海洋、维护海权。从世界历史上看,近代以来出现的强国,不管是老牌的葡萄牙、西班牙、荷兰、英国,还是后起的德国、法国、俄罗斯、美国,几乎都是当时的海洋强国。这充分说明,面向海洋则兴,放弃海洋则衰;国强则海权强,国弱则海权弱。我国已进入从陆权国家向陆权海权兼备国家迈进的关键阶段,海上方向对国家安全和发展战略全局的影响愈加凸显。党的十八大作出建设海洋强国的重大战略部署。2013 年国务院机构改革整合了海上执法力量,重新组建国家海洋局,以中国海警局名义开展海上维权执法。这充分体现了党和国家维护海洋权益的坚定决心和意志。我们要进一步强化海权意识,大力加强海上军事斗争准备,坚决维护国家海洋安全,为建设海洋强国提供有力战略支撑。

随着世界新军事革命加速发展,太空和网络成为现代军事竞争新的制高点,制信息权、制太空权对夺取战争综合制权日益重要。在太空方面,世界主要国家纷纷制定了航天发展规划,建立组织指挥机构,发展航天部队,加紧推进太空开发、太空武器研发。2011 年,美国发布了《国家安全太空战略报告》,成立主管太空战事的太空防御局,多次举行太空战演习。俄罗斯组建了"航天兵",制定了 2040 年前包括研制空间站、载人登月和飞向火星等航天发展计划。其他不少国家也加快了太空探索步伐,成立军事航天机构,研制发展航天兵器。在网络空间方面,掌握和争夺制网络权的斗争日趋激烈。美国早在 1995 年就培养出第一代"网络战士",成立了"计算机网络防御联合特种部队",2010年成立网络战司令部,2011年发布了《网络空间国际战略》《网络空间行动战略》。俄罗斯、德国、法国、日本、英国等竞相推出网络安全战略和建设网络战力量发展计划,组建网络战部队。我们要高度关注太空和网络空间安全,不断拓展战略视野和防卫空间,努力掌握和夺取制太空权和网络权,切实维护国家战略安全,夺占未来战争制高点。

我国面临的安全威胁复杂多样,并呈现多向联动的特点。各战略方向从来是相互关联、彼此呼应的系统,其中任何一个方向出事,都可能在其他方向引发连锁反应,必须着力抓好各方向备战工作统筹,促进军事斗争准备全面协调发展,保持全局平衡和稳定。

加强形势研判,把敌情我情、战场情况、作战指导和战法运用搞清楚,做到一场战争多种预案,一种行动多手准备。凡事预则立,不预则废。要根据各方向使命任务,立足复杂困难情况,统筹全局、突出重点,制定完善军事斗争准备规划,明确军事斗争能力标准,把各项准备工作往前赶、往实里抓,确保有序衔接、持续深化。我国当前海区四海相连、南北贯通,要针对海上方向安全威胁上升,突出海上军事斗争和军事斗争准备。保持维权维稳平衡,统筹维权和维稳两个大局,周密组织边海空防战备巡逻和执勤,坚决维护国家领土主权和海洋权益,维护周边安全稳定。

(二)把日常战备工作提到战略高度

坚持平战一体,抓住平战转换这个枢纽,提高快速反应能力。加强我军根本职能教育和形势战备教育,把政治工作贯穿备战全过程,强化官兵当兵打仗、带兵打仗、练兵打仗思想,保持箭在弦上、引而待发的高度戒备态势,为练兵备战注入强大动力。狠抓各项战备制度落实,保持各级战备值班体系高效运行,保持指挥顺畅、不间断，保持政令军令畅通，保持常备不懈的战备状态。加强风险管理，密切关注有关国家军事动向，立足最严重事态做好各项准备工作，确保遇有情况能够快速有效处置。

（三）把提高基于信息系统的体系作战能力作为根本着力点

现代战争是体系和体系的对抗，拓展和深化军事斗争准备，必须把提高基于信息系统的体系作战能力作为根本着力点。加强转变战斗力生成模式，运用信息系统把各种作战力量、作战单元、作战要素融合成为整体作战能力，逐步构建作战要素无缝链接、作战平台自主协同的一体化联合作战体系。着力解决制约体系作战能力的突出矛盾和问题，推进信息资源深度开发和高效利用，加强侦察预警系统和指挥控制系统建设，发展中远程精确打击力量，完善综合保障体系。

（四）把反恐军事斗争准备摆到战略位置抓紧抓好

从当前和今后一个时期国家安全需求看，必须把反恐军事斗争准备摆到战略位置抓紧抓好。对暴力恐怖分子，必须坚持零容忍，主动进攻，先发制敌，露头就打，打早、打小、打苗头，坚决遏制暴力恐怖活动多发频发态势，坚决防止暴力恐怖活动向内地发展蔓延，坚决防止暴力恐怖活动在内地特别是大中城市炸响。清醒认识我国反恐斗争的复杂性、严峻性、艰巨性，加强反恐形势研判，深化反恐行动样式研究，细化实化方案预案，加强针对性训练，确保一旦需要迅即出动、有效处置。要同国家有关部门密切配合，完成好边境联合巡逻执法支援掩护任务，形成反恐维稳整体合力。

（五）以军事斗争准备为龙头带动军队现代化建设整体发展

坚持以军事斗争准备为龙头带动军队现代化建设整体发展，是我军在实践中形成的重要指导原则，必须更加自觉地坚持和贯彻，坚定不移把信息化作为军队现代化建设发展方向，加快信息基础设施建设，深入推进信息资源的开发利用，以信息系统集成为重要抓手，贯彻统一的体系架构，建成能够融入三军、实用好用的信息系统，推动信息化建设加速发展。立足我军实际，正确处理信息化和机械化的关系，坚持以信息化为主导，以机械化为基础，推动机械化信息化复合发展和有机融合。

第三章

党在新形势下的强军目标

2013年春天的北京，举国关注，举世瞩目。党的十二届全国人大一次会议在这里隆重召开。习主席在解放军代表团全体会议上明确指出：建设一支听党指挥、能打胜仗、作风优良的人民军队，是党在新形势下的强军目标。[①] 这是习主席发出的强军兴军动员令，是总结我们党建军治军成功经验、适应国际战略形势和国家安全环境发展变化、着眼于解决军队建设所面临的突出矛盾和问题作出的战略决策，为新形势下坚定不移地走中国特色强军之路，加强国防和军队建设指明了方向。强军目标，深刻反映了我们党建设强大人民军队的不懈追求，丰富发展了我们党的军事指导理论，集中体现了我们党新形势下建军治军的总方略，吹响了强军兴军的时代号角。

一、建设强大的国防和军队是我们党的不懈追求

我军是党缔造和领导的人民军队，也是在党的绝对领导下发展壮大起来的。人民军队的发展史，就是一部在中国共产党领导

[①] 《习近平总书记系列重要讲话读本》，学习出版社、人民出版社2014年版，第132页。

下的强军史。在革命、建设和改革的不同历史时期，我们党都根据形势任务发展变化，及时提出明确的目标要求，引领和推动人民军队建设不断向前发展。强军兴军是贯穿90年建军治军实践的一条主线，强军目标的提出是我们党建设强大人民军队的历史必然。

（一）土地革命战争中创建成长

近代中国，是一个半殖民地半封建的国家，积贫积弱，任人宰割。无数志士仁人前仆后继、不懈探索，寻求救国救民道路，却在很长时间内都抱憾而终。1921年7月，中国共产党宣告成立，中国革命的面貌从此焕然一新。在我们党和共产国际的推动下，1924年国共两党第一次实现合作，发动了推翻北洋军阀的北伐战争。但就在北伐战争节节胜利、大革命蓬勃发展的时候，国民党反动派背叛革命，轰轰烈烈的大革命惨遭失败。中国共产党人从血的教训中深刻认识到，党必须要有自己的军队。1927年8月1日，周恩来、贺龙、叶挺、朱德、刘伯承等领导北伐军2万余人，举行了震惊中外的南昌起义，打响了武装反抗国民党反动派的第一枪，拉开了我们党独立领导武装斗争、创建人民军队的伟大序幕。8月1日也因此成为人民军队的生日。随后，我们党又先后领导和发动了秋收起义、广州起义以及海陆丰、黄麻、平江、百色等一百多次武装起义，革命队伍不断发展壮大。

如何将一支主要由农民组成的起义部队，建设成为一支共产党领导下的新型人民军队，是人民军队创建之初必须解决的首要问题。1927年9月29日，毛泽东率秋收起义部队向井冈山进军途中到达江西永新县三湾村。此时，原本五千人的队伍，只剩下不足千人。在这里，毛泽东领导了著名的"三湾改编"，创造性地提出并实行了"支部建在连上"和民主制度，初步确立了党在军队中的组织体系。1928年4月，朱德、陈毅和彭德怀先后率南昌起义和平江起义余部到达井冈山，与毛泽东率领的部队会师，两支队伍合编为工农革命军（6月改称工农红军）第4军。1929年底，中共红4军第九次代表大会在福建上杭县古田村召开，会议通过了《古田会议决议》，明确规定红军是一个执行革命的政治任务的武装集团，确立了从思想上建党、从政治上建军的重大原则。这一系列建军治军的探索和实践，为红军成为党绝对领导下的新型人民军队奠定了坚实的理论和制度基础。

随着革命形势的迅速发展，国民党反动派加紧了对红军的进攻，从1930年到1934年蒋介石先后向中央苏区发动五次"围剿"。红军采取"诱敌深入、歼敌于根据地之内"的战略方针，取得前四次反"围剿"的胜利。但由于党内"左"倾教条主义的错误领导，红军未能打破敌人的第五次"围剿"，被迫在1934年10月实行战略大转移，进行长征。中央红军连续突破国民党军四道封锁线，付出了极为惨重的代价，中国革命和红军陷入严重危机之中。在毛泽东的极力主张下，1935年1月初，红军强渡乌江，进占遵义，暂时摆脱了尾追的国民党军。1月15日至17日，中共中央政治局在这里召开了著名的"遵义会议"，结束了"左"倾教条主义在党中央的统治，确立了毛泽东在党中央和红军中的领导地位，危急关头挽救了党，挽救了红军，挽救了中国革命。从此，在党的坚强领导下，红军以革命理想高于天的坚定信念、气吞山河的英雄气概和百折不挠的战斗精神，四渡赤水、巧渡金沙江、强渡大渡河、爬雪山过草地，粉碎了国民党军队的围追堵截，胜利到达陕北，实现了红军主力的大会师，把中国革命的大本营转移到了大西北，开创了中国革命新局面。

"雪皑皑，野茫茫，高原寒，炊断粮，红军都是钢铁汉，千锤百炼不怕难。"红军在极其艰苦的环境中浴血奋战、经受洗礼，纵横十余省，行程两万五千里，播撒了革命火种，培育了革命精神，锤炼了革命骨干，为人民军队的发展壮大打下了坚实基础。中国工农红军长征，是中国共产党及其领导下的人民军队的伟大创举。毛泽东曾经深刻地指出："长征是历史纪录上的第一次，长征是宣言书,长征是宣传队,长征是播种机。""长征是以我们胜利、敌人失败的结果而告结束。""长征一完结,新局面就开始。"①

(二) 抗日烽火中经受锤炼

1931年,日本帝国主义悍然制造"九一八"事变,强占我国东北。1937年7月7日,日本帝国主义发动卢沟桥事变,中国驻军奋起抵抗,抗日战争全面爆发。在中华民族生死存亡的危急时刻,中国共产党高举团结抗战的旗帜,提出了全面的全民族的抗战路线、持久战的战略总方针和人民军队实行独立自主的敌后游击战的战略方针。根据国共两党达成的协议,1937年8月,红军主力改编为国民革命军陆军第八路军(简称"八路军"),10月南方8省红军和游击队改编为国民革命军陆军新编第四军(简称"新四军")。在红军改编过程中,我们党汲取历史经验教训,在统一战线中坚持独立自主原则,坚决反对蒋介石和国民党控制吞并人民军队的图谋,也克服了党内"右倾"投降主义错误,始终坚持了党对人民军队的绝对领导,保证了红军"换装不换心、更名不变色"。

在中国共产党的坚强领导下,英勇的八路军、新四军和各地人民抗日武装广泛发动群众,开展敌后游击战争,开辟广阔的敌后战场和根据地,取得了"平型关大捷""百团大战"等辉煌战绩,创造了地雷战、地道战、破袭战、麻雀战、水上游击战等战法。长城内外,大江南北,到处燃起人民战争的烽火,四处响起抗击日寇的呐喊,形成陷敌于灭顶之灾的汪洋大海。十四年抗战,我们党领导的人民抗日力量对敌作战12.5万次,消灭日、伪军171.4万人,粉碎了敌人的"扫荡""蚕食""清乡",抗击

---

① 《论反对日本帝国主义的策略》,《毛泽东选集》第1卷,人民出版社1991年版。

了过半数的日军和几乎全部伪军，打退了国民党顽固派的三次反共高潮。人民军队在取得辉煌战绩的同时，部队由5万多人发展到132万多人，民兵268万多人，解放区遍布19个省、区，解放国土104.8万平方公里。①

随着抗战形势的发展和部队的不断壮大，我军新干部、新战士、新党员大量增加，部队成分复杂，军阀主义、游击习气等不良倾向有所滋长。1939年春至1940年冬、1944年夏至1945年夏，我军利用作战间隙组织两次大规模的军事政治整训。政治整训主要是加强部队思想政治工作、加强内部团结，克服军阀主义和游击习气，使部队在思想上、政治上、组织上巩固起来。军事整训主要是开展大练兵活动，加强游击战的战术和射击、投弹、刺杀等技术训练。同时，进行组织编制整顿，健全各项规章制度。通过军政整训，全军的政治思想觉悟和技术战术水平都有了很大提高，军民关系和官兵关系进一步融洽，部队的战斗力得到明显增强。

中国抗日战争，是在中国共产党倡导的、以国共合作为基础的抗日民族统一战线旗帜下，由中国各族人民和海外侨胞广泛参加的一场全民族抗战，是世界反法西斯战争的重要组成部分。经过长达14年的浴血鏖战，中国人民终于彻底打败日本侵略者，取得历史性的辉煌胜利。这个胜利，是中国近现代史和中国革命史的重要转折点，是中华民族由衰败走向振兴的伟大里程碑。这个胜利，一举洗雪了鸦片战争以来中华民族反抗帝国主义侵略屡战屡败的民族耻辱，创造了殖民地、半殖民地弱国战胜帝国主义强国的奇迹。

（三）解放战争中发展壮大

1945年8月15日，日本宣布无条件投降，抗日战争取得伟

---

① 中共中央党史研究室著：《中国共产党历史》第1卷（1921—1949），中共党史出版社2011年版，第668、670页。

大胜利。国民党企图独吞胜利果实,一方面假装与共产党谈判,一方面加紧调兵遣将准备内战。1946年6月,蒋介石以进攻中原解放区为起点,悍然发动全面内战。我们党坚持"以革命的两手对付反革命的两手",人民解放军贯彻积极防御的战略方针,灵活运用"十大军事原则",在运动中各个歼灭敌人,先后粉碎国民党军对中原、东北、华北、陕北、山东等解放区的全面进攻和对陕北、山东解放区的重点进攻。1947年7月,刘伯承、邓小平大军千里挺进大别山,直插敌人的战略纵深,揭开了人民解放军由战略防御转入战略进攻的序幕。8月,陈赓、谢富治大军挺进豫陕鄂边区;9月,陈毅、粟裕大军挺进豫皖苏边区。三路大军挺进中原,纵横驰骋于黄河、长江、汉水、淮河之间广大地区,将战争引向国民党统治区。人民解放军内线外线兵团密切配合作战,歼灭敌人大量有生力量,构成了全国规模的战略进攻总态势,中国人民革命战争迎来了历史的转折点。

面对日益有利的战争形势,党中央、毛主席不失时机地作出打大歼灭战、攻占大城市、歼灭国民党军重兵集团的重大决策。从1948年9月开始,在不到半年时间里,人民解放军先后发动辽沈、淮海、平津三大战役,蒋介石赖以支撑内战的精锐部队基本被消灭,我军取得战略决战的伟大胜利。"宜将剩勇追穷寇"。1949年4月21日,党中央、中央军委发出向全国进军的命令,人民解放军百万雄师过大江,以所向披靡、摧枯拉朽之势解放南京,4月23日把胜利的旗帜插上国民党总统府。各路大军继续向中南、西北、西南各省挺进,在各个战场横扫残敌,取得一个又一个胜利。

人民解放军在紧张激烈频繁的战争环境中,贯彻一面打仗一面建设和以战养战、以战教战的方针,大力加强部队的军事、政治、后勤建设。在全军进一步健全党委制度,进行团结互助运动、立功运动和以"诉苦""三查"为主要内容的新式整军运动,开展政治、经济、军事三大民主。积极动员解放区翻身农民参军,教育改造俘虏士兵,成建制地将国民党军队改编为人民解放军。进行大规模整编,完善军队体制编制和指挥系统,统一全军部队的番号和编制,1948年底,把各大战略区的部队划分为野战部队、地方部队和游击队三类,全军分为四大野战军和五个大军区。1949年6月15日,中国人民革命军事委员会发布命令,公布中国人民解放军军旗、军徽式样。在全军进行统一编制的同时,加强炮兵、工兵等特种兵建设,组建铁道兵团,并着手组建海军和空军领率机关,人民解放军向正规化建设迈出了重要的一步。经过4年多的解放战争,人民解放军的总兵力也达到550万人,成为一支威震世界的雄师劲旅。

解放战争的伟大胜利标志着中国共产党领导的新民主主义革命,经过20多年的浴血奋战,终于取得最后的胜利。几千年束缚中国人民的封建制度,百余年来侵略中华民族的帝国主义势力和20多年来祸国殃民的官僚资本主义都被彻底推翻,人民解放军的建设和发展从此进入一个新的历史时期。

(四)社会主义革命和建设中阔步前进

1949年10月1日,中国人民迎来了新中国的诞生。人民解放军的职能、任务发生历史性转变,由进行革命战争、夺取政权、解放祖国转变为巩固人民民主专政、保卫社会主义革命和建设、防御外敌入侵、保卫国家安全和领土主权的完整。随着大规模战争的结束,人民解放军进行现代化、正规化建设的客观条件也逐渐具备。

针对我军陆军兵种单一、海空军比例极少的情况,党中央、中央军委把加强诸军兵种建设作为国防军建设的首要任务。毛泽东指出:"我们的国防将获得巩固,我们将不但有一个强大的陆军,而且有一个强大的空军和一个强大的海军。"[1] 人民解放军

---

[1] 《中国人民站起来了》,《毛泽东文集》第5卷,人民出版社1996年版,第345页。

的建设开始了由低级阶段向高级阶段的转变，先后组建了海军、空军、公安部队和防空部队，成立了全军统一的各兵种领导机构。到20世纪50年代初，我军单一军兵种状况得到根本改变，诸军兵种合成型军队建设初具规模。

1953年12月至1954年1月，党中央、中央军委召开全国军事系统党的高级干部会议，确定了建设一支优良的现代化革命军队的总方针总任务，规划了国防现代化的建设蓝图。为了加快军队现代化建设步伐，我国一方面购买苏联武器装备以应急需，另一方面着手建立国防科技工业体系，全面展开武器装备的仿制和研制。1964年10月16日，中国第一颗原子弹爆炸；1966年10月27日，核导弹发射试验成功；1970年4月24日，第一颗人造卫星遨游太空，《东方红》乐曲在茫茫天宇奏响。"两弹一星"技术的突破，带动了我军武器装备建设跨上了新的台阶，我国自行研制的枪械、火炮、坦克、舰船、飞机、导弹等各类兵器陆续装备三军部队。1966年7月1日，掌握现代化尖端武器的新型部队——中国人民解放军第二炮兵正式组建，战略导弹部队成为人民解放军的一个新的兵种。1974年8月1日，中国第一艘核潜艇正式编入海军战斗序列。随着国防尖端技术的突破和武器装备的改善，我军实现了由"小米加步枪"向"飞机加大炮"的跃升。

围绕军队建设的总方针总任务，人民军队全面加强正规的教育、管理和训练。全军统一了编制体制，确定了武装力量的组织系统及其指挥关系，调整了大军区的划分。颁发了《内务条令》《纪律条令》《队列条令》和各级各种战斗条令，1955年开始实行军衔制、义务兵役制和薪金制三大制度。与此同时，我军开始转入以战斗训练为主要内容的正规训练。20世纪60年代，全军广泛开展群众性大练兵、大比武活动，掀起空前的练兵热潮。颁发实施《中国人民解放军政治工作条例》，广泛开展过渡时期总路线宣传教育、马克思主义基本理论教育，人民解放军的优良传统和作风得到传承和发扬。

在积极推进优良的现代化革命军队建设的进程中，人民军队忠实履行战斗队职能，坚决捍卫人民政权和国家主权，维护世界和平与安宁。新中国成立时，全国还有1/3的国土没有解放，为保卫新生的人民政权，人民解放军一方面对国民党军残余部队进行战略追击，消灭在祖国大陆、沿海岛屿国民党残余武装，解放全国大陆；另一方面，抽调兵力剿灭匪患，粉碎国民党军队的窜犯袭扰，保卫人民安全。此后，人民解放军在党中央、中央军委的正确领导下，先后进行了中印边境自卫反击战、珍宝岛自卫反击战、西沙群岛自卫反击战等作战行动，坚决打击了入侵者的嚣张气焰，有效维护了国家领土主权安全。同时，我军还先后抗美援朝、抗法援越、抗美援越等，积极支持第三世界国家争取民族独立和解放，为维护世界和平作出了突出贡献。

（五）改革开放以来不断迈出新步伐

1978年12月，党的十一届三中全会胜利召开。这次大会作出了实行改革开放的重大决策，确定把党和国家的工作重心转移到以经济建设为中心的社会主义现代化建设上来。在党的领导下，军队建设指导思想实现战略性转变，从立足于"早打、大打、打核战争"的临战状态转移到和平时期建设轨道上来，我军建设进入一个新的发展时期。1981年9月，邓小平在视察华北军事演习时，向全军发出了"把我军建设成为一支强大的现代化、正规化的革命军队"的伟大号召。针对我军机构重叠、人员臃肿的状况，1985年6月，党中央、中央军委作出体制改革和精简整编决定，以"精兵、合成、高效"为目标裁减军队员额100万。到1987年初，百万大裁军基本完成，全军官兵比例由整编前的1∶2.45调整为1∶3.3，陆军航空兵、海军陆战队等新的兵种诞生。与此同时，教育训练工作得到迅速恢复和发展，干部指挥训练、战术技术训练和协同作战训练有步骤进行，各类战役集训和演习深入开展，依托院校培养干部得到加强、逐步规范，部队整体作战能力得到明显提高。中央军委颁发《关于新时期军队政治工作决定》，全军部队深入开展坚持四项基本原则教育，广泛开展"四有、三讲、两不怕"和军民共建社会主义精神文明活动，按照革命化、年轻化、知识化、专业化要求加强干部队伍建设，全面启动国防和军队立法，实行新的军衔制度、文职干部制度、军官服役制度，部队的战备、训练、工作和生活秩序进一步正规。坚持服从和服务于国家经济建设大局，贯彻"军队要忍耐"的要求，发扬艰苦奋斗、勤俭建军的优良传统，大力开展农副业生产和其他各项生产经营活动，广泛开展培养军地两用人才工作，积极参加国家重点工程建设和地方抢险救灾，赢得人民群众广泛赞誉。

20世纪80年代末，世界多极化、经济全球化趋势明显，科技进步日新月异，国家经济建设蓬勃发展，对外开放不断扩大，我军建设所处的时代背景发生了深刻变化。1990年12月，江泽民在全军军事工作会议上，要求全军部队做到"政治合格、军事过硬、作风优良、纪律严明、保障有力"，随后又将这"五句话"明确为军队建设的总要求。全军部队紧紧围绕"打得赢、不变质"两大历史性课题，按照"五句话"总要求加强全面建设，推动国防和军队建设迈出新的步伐。大力加强思想政治建设，制定《关于改革开放和发展社会主义市场经济条件下军队思想政治建设若干问题的决定》，掀起学习邓小平理论热潮，广泛开展爱国奉献、革命人生观、尊干爱兵和艰苦奋斗"四个教育"，在党员干部中开展学习实践"三个代表"重要思想、保持共产党员先进性活动和"讲学习、讲政治、讲正气"党性党风教育，部队思想政治基础更加牢固。着力提高军队正规化建设水平，重新修订颁布"三大条令"，正式颁发《军队基层建设纲要》，部队停止生产经营，各项建设走上制度化、规范化轨道。积极推进中国特色军事变革，贯彻新时期军事战略方针，把军事斗争的基点放在打赢现代技术特别是高技术条件下的局部战争上，实施国防和军队建设"三步走"发展战略，积极走开机械化、信息化复合式发展路子。成立总装备部，精简军队员额70万，全军规模进一步缩小，编制体制更趋合理。扎实推进反"台独"军事斗争准备，组织新"三打三防"训练，在东南沿海组织一系列大规模联合军事演习，履行使命任务能力有了新的提高。实施科技强军战略，狠抓指挥军官队伍、参谋队伍、科学家队伍、技术专家队伍、士官队伍建设，大力发展"杀手锏"武器装备，实施载人航天工程，广泛开展科技大练兵活动。1997年、1999年，我军进驻香港、澳门，展示了威武之师、文明之师的良好形象。

新世纪新阶段，国际国内环境发生深刻变化，世界新军事变革进程加快，我国安全问题的综合性、复杂性、多变性进一步增强。胡锦涛深刻分析形势任务的发展变化，科学筹划指导国防和军队建设及军事斗争准备，提出军队要有效履行"三个提供，一个发挥"的历史使命，有力引领和推动军队建设科学发展。全军部队坚持不懈用中国特色社会主义理论体系武装官兵，深入持久培育当代革命军人核心价值观，大力弘扬听党指挥、英勇善战、服务人民的优良传统，广泛开展理想信念教育、历史使命教育、战斗精神教育和社会主义荣辱观教育，扎实开展学习实践科学发展观活动，发展先进军事文化，进一步打牢部队高举旗帜、听党指挥、履行使命的思想政治基础。坚持以推进国防和军队建设科学发展为主题，以加快转变战斗力生成模式为主线，持续兴起大抓军事训练热潮，完善基地训练、发展模拟训练、推开网络训练、开展对抗训练，扎实推进机械化条件下军事训练向信息化条件下军事训练转变。拓展和深化军事斗争准备，深入推进军队人才战略工程，全面建设现代后勤步伐不断加快，以"天宫一号""辽宁舰"为代表的国防科技工业和武器装备建设取得举世瞩目的新进步，我军以打赢信息化条件下局部战争能力为核心的完成多样化军事任务能力显著提高。坚持以人为本的治军理念，把工作重心放在基层，充分调动广大官兵的积极性、主动性、创造性，部队建设发展的基础更加扎实。

当前，世界形势正在发生"冷战"结束以来最为深刻复杂的变化，我国全面建成小康社会进入决定性阶段，国家安全和发展形势更趋复杂。习近平从时代发展和战略全局的高度，鲜明提出党在新形势下的强军目标，为加快推进国防和军队现代化指明了方向。全军上下衷心拥护、积极响应，牢记强军目标、坚定强军信念、献身强军实践成为官兵的自觉行动。全军部队按照走在前列的要求认真学习贯彻党的十八大精神，大力开展"坚定信念、铸牢军魂""学习贯彻党章、弘扬优良作风"两项重大教育活动，深入抓好强军目标学习宣传教育，广泛开展"中国梦·强军梦·我的梦"主题实践活动，形成了同心共筑强军梦的生动局面。牢固确立战斗力这个唯一的根本的标准，紧紧围绕能打胜仗搞建设抓准备，大力改进训风、演风、考风，积极推进实战化军事训练，组织全军战略战役集训和信息化条件下战法创新集训观摩活动，扎实开展跨区机动演习和中外联合军演，部队履行使命任务能力不断提高。推进现代后勤和武器装备建设，"辽宁舰"多次出海训练，国产三代战机批量装备部队，大型运输机试飞成功，一批新型装备相继列装。坚持以上率下大抓作风建设，聚焦反"四风"、正作风开展党的群众路线教育实践活动，出台《中央军委加强自身作风建设十项规定》，认真贯彻厉行勤俭节约、反对铺张浪费有关规定，加强工程建设项目审计，大幅压减行政消耗性开支，广泛开展"蹲连住班"活动，加强军队文艺队伍管理，推动作风建设向纵深发展。从 2013 年起，全国征兵时间由冬季调整到夏秋季，一大批高素质优秀青年特别是大学生踊跃参军。从"神十"飞天到"嫦娥"奔月，从远洋护航到反恐维稳，从芦山抗震到东北抗洪，人民子弟兵不畏艰险、英勇善战，出色完成了党和人民赋予的各项任务，赢得了广泛赞誉。

岁月倥偬，苦难辉煌。90 年来，在中国共产党的领导下，人民解放军从无到有、由弱到强，革命化、现代化、正规化水平不断提高，履行使命的能力不断增强，走出了一条符合中国实际的人民军队建设道路，创建了一整套具有中国特色的建军治军原则和战略战术，形成了独具特色的光荣传统和优良作风。90年来，人民军队高举党的旗帜，高举人民的旗帜，牢记使命，英勇奋战，为中国人民解放事业，为我国社会主义建设和改革事业，为捍卫国家主权、安全和领土完整，建立了不可磨灭的历史功勋。90年来，人民军队英雄辈出、群星璀璨，涌现出千千万万的英雄模范，他们用自己的智慧力量乃至热血生命，诠释了人民军队的本色。实践充分证明，人民军队党缔造，成长壮大党培养。在党的绝对领导下，人民军队获得无限荣光，成为中国革命胜利的中坚，成为人民民主专政的坚强柱石，成为保卫社会主义祖国的钢铁长城，成为建设中国特色社会主义的重要力量，成为威震世界的雄师劲旅。回望辉煌历程，我们无比自豪；展望发展前景，我们满怀信心。在以习近平同志为核心的党中央领导下，人民解放军一定能为捍卫党和人民利益、保卫和建设祖国、维护世界和平建立新的功勋、夺取新的胜利！

二、强军目标充分体现了我们党实现富国强军的战略运筹

当今世界，求和平、谋发展、促合作已成为不可阻挡的时代潮流，但天下还很不安宁。国际体系进入加速演变和深度调整时期，各种国际力量加快分化组合，大国关系进入全方位角力新阶段，美国和欧盟陷入重重危机，新兴市场国家和发展中大国在崛起中遇到不少困难，围绕权力和利益再分配的斗争十分激烈，霸权主义、强权政治和新干涉主义有所上升，西亚、北非局势持续动荡引发苏东剧变以来最大范围的地缘政治变局，世界依然面临

着现实和潜在的战争威胁。

（一）应对复杂安全态势的战略运筹

我国所处的地缘政治环境十分复杂，周边很不平静。美国战略重心东移，推行所谓亚太"再平衡"战略，计划将60%的海军军舰部署到太平洋地区，还将把其本土以外60%的空军力量部署到亚太地区，使亚太地区日益成为国际战略竞争和博弈的焦点。日本右倾化趋势上升，设立国家安全保障会议、强行通过特定秘密保护方案，出台国家安全保障战略和新防卫计划大纲，紧锣密鼓地修订日美防卫合作指针，2013年12月26日安倍晋三悍然以内阁总理大臣名义参拜靖国神社，并积极推动"修宪"，企图摆脱"战后体制"。朝鲜半岛和东北亚地区局势充满变数，中亚地区恐怖主义、分裂主义、极端主义活动猖獗，给我国边境地区安全稳定带来不利影响。特别是海上安全环境更趋复杂，一些亚洲国家纷纷制定和实施具有扩张性的海洋战略，不断在钓鱼岛、南海等岛屿归属和海域划界问题上挑起事端，对我国安全战略全局的影响更加突出。同时，影响台海局势稳定的根源并未消除，"台独"分裂势力分裂祖国的危险仍然存在。在这种复杂的安全态势中，军事能力处于特殊而重要的地位，只有加快推进国防和军队现代化，抓紧做好军事斗争准备，才能有效维护国家领土完整和主权安全，才能确保一旦有事能够断然出手、决战决胜。

（二）缩小同世界强国在军事实力上差距的战略运筹

与此同时，世界主要国家都在加紧推进新军事革命，加快发展新型武器装备，抢占新的战略制高点。美国在总结近几场局部战争经验教训基础上推动"二次转型"，俄罗斯围绕建设"职业化、常备化、精干化"军队深入推进"新面貌"军事改革。有关资料显示，美国海军试飞的X-47B隐形无人机，可在航母上弹射起飞和降落，打击半径达 1 500 公里以上。时速接近 6 000 公里的高超音速飞行器 X-51A 也进行了试飞，可在 1 小时内对地球上任何一处目标实行精确打击。日本在已服役的"日向级"准航母基础上，2012 年开始建造两艘"22DDH"直升机"驱逐舰"，改进 2 艘爱宕级"宙斯盾"导弹驱逐舰，7 艘新型秋月级导弹驱逐舰服役，"心神"隐形战斗机也于 2014 年进行首飞。印度近年制定"三航母战略"，除从英国买进改造的"维拉特"号外，国产航母"维克兰特"号已在 2013 年下水，从俄罗斯购买改装的航母"超日王"号也交付使用。面对世界新军事革命浪潮，我们没有退路，必须加快步伐，乘势而上，努力缩小同世界强国在军事实力上的差距，才能掌握未来军事竞争的战略主动权。

（三）战胜各方面风险挑战的战略运筹

从我军担负的职能使命看，执行多样化军事任务日益增多。一方面，境内外各种敌对势力遥相呼应，各种民族分裂势力蠢蠢欲动，各种暴力恐怖势力不断制造事端，影响社会稳定的因素大量存在。达赖集团加紧在国际国内进行分裂活动，"东突""藏独"等民族分裂势力暴力化倾向进一步加剧，"民运""法轮功"邪教组织等敌对势力相互勾连，频繁进行各种渗透、破坏和颠覆活动，极力煽动制造非法聚集事件，对国家安全和社会稳定造成严重危害。另一方面，随着我国综合国力持续上升和对外开放不断扩大，海外能源资源、海上战略通道以及海外公民、法人的安全问题日益凸显。当今世界，经济全球化深深影响着人类历史的进程，国家利益已远远超出了国境线。如今，有陆地的地方就有华人的足迹，有海洋的地方就有来往中国的商船，有天空的地方就有进出中国的航班。"生意兴隆通四海，中国制造遍五洲。"据统计，目前，中国对外直接投资存量 4 000 亿美元，资产总额累计近 2 万亿美元，境外有中资企业 2 万多家。极地和太空，也有了中国人的足迹。中国已深深地融入世界，国家利益几乎遍及全球。我国超过 60% 的进口石油和超过 70% 的进出口货物都要通过马六甲海峡运送。我军遂行海上护航、撤离海外公民、应急救援等海外行动任务更加艰巨。另外，随着环境气候变化，自然灾害、突发性公共卫生事件明显增多；我国改革发展深入推进，各种社会矛盾更趋复杂，群体性事件也时有发生，对军队遂行抢险救灾、应对突发事件任务提出新要求。国家利益始终是军人目光的聚焦点，维护国家利益永远是军人的神圣职责。只有军队强大了，才能有效应对来自各方面的风险挑战，为国家发展、人民幸福创造和平安宁的内外环境。

三、强军目标开启国防和军队建设新征程

强军目标从根本上回答了党在新形势下建设一支什么样的军队、怎样建设强大军队的重大理论和实践问题，与我军一以贯之的建军治军指导思想和方针原则是一致的，与革命化现代化正规化建设相统一的全面建设思想是一致的，体现了我们党建设强大人民军队的决心意志。贯彻落实好强军目标，关系国防和军队建设全局，关系我军有效履行使命任务，关系我军在世界军事竞争中赢得战略主动。我们要紧紧围绕强军目标聚焦用力，扎实推进军队建设、改革和军事斗争准备，不断提高有效履行使命任务能力，圆满完成党和人民赋予的各项任务。

（一）强军目标体现了党一以贯之的建军治军方针原则

在国防和军队建设的实践中，我们党领导军队形成了一整套建军治军方针原则，并根据形势任务变化适时丰富充实、拓展深化。毛泽东领导制定了建设优良的现代化革命军队的总方针。邓小平提出了建设一支强大的现代化正规化革命军队的总目标。江泽民提出了政治合格、军事过硬、作风优良、纪律严明、保障

有力的总要求。胡锦涛提出了按照革命化现代化正规化相统一的原则加强军队全面建设的重要思想。在领导国防和军队建设的实践中,我们党始终强调必须坚持党对军队绝对领导的根本原则和制度,任何时候任何情况下都要坚决听从党中央、中央军委指挥;始终强调军队必须履行战斗队的根本职能,坚决捍卫国家主权、安全和领土完整;始终强调军队必须牢记全心全意为人民服务的根本宗旨,保持人民军队的光荣传统和优良作风。党在新形势下的强军目标,集中概括了我军建设的根本原则、根本职能、根本宗旨,体现了革命化、现代化、正规化相统一的全面建设思想,赋予了党建军治军方针原则新的时代内涵。

(二)强军目标指明了国防和军队建设的发展方向

我军经过90年建设发展,取得了辉煌成就,打下了坚实基础。特别是近些年来,在党中央、中央军委领导下,我国国防和军队建设快速发展,国防实力显著增强,部队思想政治基础更加牢固,武器装备现代化实现突破性进展,军队体制编制不断优化,遂行使命任务能力显著增强,为经济社会发展提供有力支持,为维护世界和平作出了积极贡献。我军现代化建设实现"三步走"发展战略第一步目标,机械化建设有了较好基础,信息化建设取得明显进步,信息化条件下威慑和实战能力显著增强。

站在新的历史起点上,军队建设今后往哪里发展,如何发展,取决于确定什么样的奋斗目标。强军目标深刻把握军队建设的历史方位和阶段性特点,立足中国国情军情,着眼世界发展大势,以宏远的战略视野科学回答了我军建设带方向性、根本性、全局性的重大问题,进一步明确了军队建设的政治方向、地位作用和职能使命,规划了军队建设的发展路径;进一步明确了实现军队现代化的战略布局和路线图,抓住了我军建设的主要矛盾和问题;进一步明确了军队建设的主要任务和努力方向,使强军兴军的路径更加清晰、目标更加具体,展现了军队建设发展的辉煌前景，对全面深化国防和军队建设改革，加强军事斗争准备的指导更具前瞻性、针对性。只要我们坚决贯彻落实强军目标要求，坚定不移地朝着强军目标团结奋进，国防和军队建设就能够不断开创新局面。

（三）强军目标拎起了军队建设的"纲"

军队建设任务艰巨繁重、工作千头万绪，只有突出重点、抓住关键，才能提纲挈领、纲举目张。实现强军目标，要求必须把听党指挥作为军队建设的首要，充分体现了党坚持从思想上、政治上、组织上、建设和掌握部队，确保部队绝对忠诚、绝对纯洁、绝对可靠的一贯追求；要求必须坚持一切建设和工作向能打胜仗聚焦，充分反映了我军的职能使命，反映了按照战斗力这个唯一的根本的标准搞建设、抓准备、谋发展的工作思路；要求必须坚持把作风建设作为一项基础性长期性工作抓紧抓实，充分反映了贯彻依法治军、从严治军重要方针，保持我军作风优良的鲜明特色和政治优势的建设方略。

强军目标拎起了军队建设的"纲"，使我们抓工作、搞建设的思路更加清晰明确。我们要坚持用强军目标统领军队建设、改革和军事斗争准备，树立聚焦强军的鲜明导向，各项建设朝着强军目标来加强，各项改革着眼强军目标来展开，军事斗争各项准备围绕强军目标来进行，筹划工作、部署任务都要以强军目标为依据，使工作部署更科学、措施办法更务实。坚持用强军目标审视工作成效，与强军目标相符合的就坚持，与强军目标不相符合的就改正，切实形成强力推动强军目标贯彻落实的制度机制，使各项建设和工作经得起党和人民的检验，经得起历史和实践的检验。

（四）强军目标为解决军队建设面临的矛盾问题提供了科学指导

这些年来，虽然我军建设有了很大的发展进步，但我军现代化水平与国家安全需求相比差距还很大,与世界先进军事水平相比差距还很大;我军现代化水平与打赢信息化条件下局部战争的要求不相适应、军事能力与履行新世纪新阶段我军历史使命的要求不相适应的矛盾依然十分突出。缩小"两个差距"、解决两个"不相适应"矛盾,是我们建设强大军队、有效履行使命任务必须着力解决的紧迫课题。

强军目标蕴含着科学的世界观,既反映了民族复兴和国家安全的现实需求,又符合统筹经济建设和国防建设的客观规律,体现了以习近平同志为核心的党中央对军队建设发展现状的清醒认识,必将进一步激发起强烈的忧患意识、危机意识、使命意识。强军目标体现了抓思想政治建设和抓军事抓作风、抓主要矛盾和抓次要矛盾、抓当前建设和抓长远建设的辩证统一,有助于正确判断形势,正确看待存在的差距不足,找到解决矛盾问题、应对挑战考验的对策办法。强军目标体现了万事从最坏处着眼的底线思维,彰显了不懈进取的精神品质,反映了我军长期形成的不畏艰险、迎难而上、敢啃硬骨头的英雄气概,给人以理想的感召、奋进的力量和责任的担当,这必将进一步激发广大官兵强军兴军的热情动力,凝聚起全军上下献身强军实践的磅礴力量。

四、强军目标明确了加强军队建设的聚焦点和着力点

习主席明确要求,军队要像军队的样子,不只是面子,而是面子里子都要有样子。总结我军历史和现实需要,"军队的样子"就是要坚决听党指挥,要能打仗、打胜仗,要保持光荣传统和优良作风。强军目标强调的这三条,决定着军队发展方向,也决定着军队生死存亡。建军治军抓住这三条,就抓住了要害,就

能起到纲举目张的作用。①

（一）听党指挥是灵魂决定军队建设的政治方向

我军是党缔造和领导的人民军队，始终在党的绝对领导下行动和战斗。听党指挥是灵魂，决定军队建设的政治方向。必须铸牢听党指挥这个强军之魂，坚持党对军队绝对领导的根本原则和人民军队的根本宗旨不动摇，贯彻执行党的理论和路线方针政策不动摇，始终忠于党、忠于社会主义、忠于祖国、忠于人民，做到一切行动听从党中央、中央军委和习主席指挥。

我军是执行党的政治任务的武装集团，坚持党对军队绝对领导是我军永远不变的军魂。一个"魂"字，深刻勾画出党对军队绝对领导的重要地位和重大作用。这个"魂"是我军的生命所系，无"魂"则无"命"；这个"魂"是我军的立军之本，无"魂"则无"本"；这个"魂"是我军建设发展的方向和动力源泉，无"魂"则迷"向"。任何时候任何情况下，人民军队要发展强大，都必须始终不渝地听党的话、跟党走，始终在党的绝对领导下行动和战斗。

"金星闪耀在军旗上，我们的原则是党指挥枪，人民军队党缔造，成长壮大党培养……"这首高亢激越的《听党指挥歌》，深刻揭示了人民军队的历史源头和政治归属，抒发了广大官兵对党无比忠诚的深厚感情。习主席明确指出，听党指挥是灵魂，决定军队建设的政治方向。新形势下，必须把听党指挥作为军队建设的首要，毫不动摇地坚持党对军队绝对领导的根本原则和制度，坚决贯彻执行党的理论和路线方针政策，确保部队绝对忠诚、绝对纯洁、绝对可靠。

听党指挥是我军建设的首要，是我军的命脉所在。这一条丢

---

① 《建设一支听党指挥能打胜仗作风优良的人民军队》，载于《解放军报》2016年5月23日。

了，其他工作再怎么做，最终也会全盘皆输。我军能够无往而不胜，最终战胜一切敌人而不为敌人所压倒，坚决听党指挥是我军的建军之魂、强军之魂。这是我们党长期执政、国家长治久安的根本法宝，也是一切敌人最惧怕我们的一点。新形势下，必须铸牢听党指挥这个强军之魂，坚持从思想上政治上建设和掌握部队，毫不动摇坚持党对军队绝对领导的根本原则和制度，认真贯彻落实军委主席负责制，任何时候任何情况下都坚决做到保持一致、维护权威、听从指挥，确保部队绝对忠诚、绝对纯洁、绝对可靠。

（二）能打胜仗是核心反映军队的根本职能和军队建设的根本指向

20世纪60年代，科威特依靠西方经济技术和力量，勘探开发了地下丰富的石油资源，经济飞速发展，一跃成为世界上最富有的国家之一。1990年8月2日凌晨，伊拉克10万大军突然大举入侵科威特。科威特军队猝不及防，还没来得及组织有效抵抗，就被伊军突破边境防线。伊军仅用10余个小时就占领科威特首都，科威特国王和王室成员被迫流亡沙特阿拉伯，昔日有"海湾明珠"美誉的科威特千疮百孔、面目全非。文无第一，武无第二。打得赢，不是一个口号，而是事关国家生死存亡的大事。历史反复证明，强国的关键是强军，强军的核心是能打仗、打胜仗。

军队的一切建设都是为打赢。在国家建设中，发展是硬道理；在军队建设中，打赢是硬道理。强军兴军，核心是能打胜仗。强军之"强"，必须体现在战斗力上。古往今来，没有哪一支军队不把战胜对手、赢得战争作为不懈追求。古罗马帝国早期，非常重视军队建设，全民都有一种尚武精神。后来，随着国力强盛，外患解除，军队建设不再受到重视，罗马人也不再以服兵役为光荣的义务，甚至把保卫国家的责任交给了外籍雇佣兵。

最终，军事力量衰退，罗马帝国衰亡。这警示我们，无论是战争年代，还是和平时期，军队的一切工作，都应当着眼于打赢，围绕着打赢，为打赢做好各方面的准备。这些年，党和国家对军队建设高度重视，大力加强国防和军队现代化建设。全军部队按照"三步走"发展战略，以军事斗争准备为龙头，大力实施人才战略工程，持续兴起练兵热潮，连续组织跨区机动演习、中外联合军演，广大官兵冬练三九、夏练三伏，付出了辛勤的汗水。俗话说，"养兵千日，用兵一时"，我们投入这么大的精力抓建设搞准备，为的是关键时刻拉得出、用得上、打得赢。在未来实战中，如果我军不能决战决胜，那么无论国家的投入，还是官兵的努力，都会失去价值。

军人的最高荣誉在打赢。战场无亚军。战争对抗与其他角逐不同，只能以成败论英雄。如果把军人价值看成一座宝塔，"胜利"就是塔尖上那颗璀璨的明珠。一支军队没有对胜利的追求，就没有存在的必要；一个军人没有对胜利的渴望，就不是真正的军人。战场打不赢，军队的威望、军人的荣誉必然会受到严重损害。我军自建军以来，先后同国民党军和日本、美国等国军队交过手，取得了一次又一次胜利，以能打大仗、善打硬仗、敢打恶仗闻名于世，赢得了广泛赞誉。在抗美援朝第二次战役中，三十八军成功穿插三所里与龙源里，抢占松骨峰，坚守阵地，激战两昼夜，顶住"联合国军"的南北夹击，堵住了敌军的后撤通路，为夺取战役的胜利作出了重大贡献。志愿军司令员彭德怀写完嘉奖电后，意犹未尽，又在结尾写下"三十八军万岁！"然而我军已经多年没有打过仗了，以前能打胜仗，不等于现在能打胜仗。如果在党和人民需要时，我军不能在战场上取得胜利，革命先辈用鲜血和生命赢得的荣誉就会受到玷污，人民军队的光辉形象就会受到影响，军人在老百姓心中的地位就会大大降低。每名军人必须苦练打赢本领，珍惜荣誉、创造荣誉、捍卫荣誉。

国家和民族的安危系于打赢。兵者，国之大事，死生之地，

第三章 党在新形势下的强军目标

存亡之道。军队能不能打赢,事关国家存亡和民族兴衰。如果战场打不赢,就会引发连锁反应,给国家和民族带来严重后果。1571年土耳其舰队在勒潘多海战中被西班牙和威尼斯舰队打败,从此横贯欧、亚、非三大陆的奥斯曼土耳其帝国逐渐衰落。1654年荷兰海军被英国海军击溃,荷兰的海上霸权地位随之消失。1815年,拿破仑在比利时小镇滑铁卢惨遭失败,致使不可一世的法兰西第一帝国分崩离析。近代中国多次遭受外敌入侵,屡战屡败,接连签订不平等条约,泱泱大国任由列强宰割。1894年,在甲午战争中北洋水师全军覆没,中国被迫签订丧权辱国的《马关条约》,给中华民族带来空前严重的民族危机,大大加深了中国社会半殖民地化的程度。当前,我国正处于由大向强迈进的关键阶段,我们比历史上任何时期都更加接近中华民族伟大复兴的目标,军队维护国家主权、安全和发展利益的责任也比历史上任何时候都更加重大。如果在外敌侵略、国家主权和领土完整受到威胁的时候,军队在战场上打不赢,改革发展稳定大局就可能被破坏,中国特色社会主义进程就可能被打断,中华民族伟大复兴的中国梦就难以实现。

能打胜仗是核心,反映军队的根本职能和军队建设的根本指向。军队首先是一个战斗队,必须坚持一切建设和工作向能打胜仗聚焦。如果军队在战场上打不赢,那是要产生严重政治后果的。俗话说,文无第一,武无第二。我军素以能征善战著称于世,创造过许多辉煌的战绩。但能打胜仗的能力标准是随着战争实践发展而不断变化的。从这些年军队现代化建设和遂行军事斗争准备任务的情况看,"两个能力不够"的问题还没有得到完全解决,有些方面的差距还在拉大,有些方面的短板和弱项越来越明显。新形势下,必须扭住能打仗、打胜仗这个强军之要,牢固树立战斗力这个唯一的根本的标准,更加坚定自觉地抓备战谋打赢,发扬我军大无畏的英雄气概和英勇顽强的战斗作风,提高我军信息化条件下威慑和实战能力,做到召之即来、来之能战、战之必胜。

(三) 作风优良是保证关系军队的性质、宗旨、本色

作风是政治品格、思想境界和精神状态的集中反映。作风优良，才能凝聚军心、赢得民心，才能发展自己、战胜敌人。一支能征善战的军队，必定是一支作风优良的军队。我军素以纪律严明、作风优良著称于世。在强军兴军征程中，重视和加强作风建设，是历史的昭示，更是时代的呼唤。

纵观人类战争史，凡是那些攻无不克、战无不胜、威名赫赫的雄师劲旅，无不军纪严明、军风严整。而那些一打就垮、不打自溃、声名狼藉的疲敝之师，往往骄奢淫逸、松弛散漫。作风优良才能塑造英雄部队，作风松散可以搞垮常胜之师，这是古往今来军队建设的一条基本规律。

作风连着凝聚力。"师克在和，人和一心。"对一支军队来说，强大的凝聚力是完成各项任务的重要前提和基础。好作风催生凝聚力、提升向心力，能够使官兵心往一处想，劲往一处使，拧成一股绳。战国时期著名军事家吴起提出"和军制胜"的思想，认为军队内部的团结和睦是战胜敌人的重要法宝。"和"从哪里来？很重要的是来自良好的作风。据《史记》记载，吴起带兵"卧不设席，行不骑乘，亲裹赢粮，与士卒分劳苦。"一次，一个士兵生了一种恶疮，吴起亲自为他吸疮脓，使这个士兵转危为安，士兵们无不为之感动。吴起这种率先垂范、与士兵同甘共苦的优良作风，使得军心士气大振，每每临阵全军都上下一心、奋勇向前。一支军队如果作风败坏、歪风盛行，就难以形成统一的意志、坚强的团结，更无凝聚力战斗力可言。解放战争时期，国民党军队有800万之众，而且有先进的美式武器装备，但由于腐败成风、派系林立，高级将领心怀异志、钩心斗角，部队内部克扣军饷、欺压士兵等现象十分普遍，结果导致军心涣散、士气低落，在人民解放军的强大攻势面前兵败如山倒，仅三四年

时间就土崩瓦解。淮海战役期间，国民党将领黄维战败被俘，仍不肯认输，直到亲眼见到刘伯承、邓小平、陈毅这些"粗布将领"，穿着饮食和士兵一样，与战士在一起席地而坐，"官兵同乐，上下并食"，他才幡然醒悟，国民党不光败在战场上，更败在作风和精神上。

作风关系战斗力。好作风如同好空气，坏作风就像雾霾天。人生活在雾霾天里，不仅视野不清，也损害肌体健康。对军队来说，作风不好就会损害战斗力。清朝末年的北洋海军号称亚洲第一，军舰的性能和数量在当时都不落后，但在甲午战争中一败再败、全军覆没。战争双方装备实力与最终结局反差如此之大，很多人从不同层面、不同角度分析过原因教训，而作风问题是大家的一个共识。1893年，甲午战争爆发的前一年，慈禧太后派醇亲王载沣检阅北洋海军。为给钦差大臣留下好印象、赢得朝廷的赏识，北洋海军事先把靶船固定住，量好距离、放好浮标，军舰到达浮标后根据事先定好的标尺开炮，有的还在靶船上放好炸药，那边军舰开炮，这边引爆炸药。弄虚作假可以欺骗自己，欺骗上级，却无法欺骗敌人。战争是武器和战术的对抗，也是作风与意志的较量。一支军队的作风坏到如此程度，战败也就在所难免了。历经百余年，每当人们说起这段耻辱的历史，心头都会隐隐作痛。优良的作风，历来是一支军队无形的战斗力，我们既要为当年的北洋海军所不齿，更要从中汲取深刻教训。

作风决定军队形象。形象是军事软实力的重要组成部分，历来是军队赢得民心、团结友军、瓦解敌军的一大法宝。作风问题，不仅关系到军队的凝聚力战斗力，而且决定军队的形象，影响着军队的生存和发展。只有作风优良的军队，才能得到人民群众的广泛支持，拥有战胜敌人的坚实基础。南宋大将岳飞治军严格、爱护百姓，带出了一支作战勇敢、纪律严明、百姓爱戴的"岳家军"。"岳家军"有一条铁的纪律，就是"冻死不拆屋，饿死不掳掠，夜宿不入宅，晨起不乱苇"。无论是平时还是战时，

"岳家军"都不准索取民间财物,不准扰乱百姓,即使士兵买东西不给足钱,或者私自拿百姓一束草、一缕麻,也要立即斩首。公元1132年秋天,"岳家军"奉命移驻江州,因供应困难,全军一度陷于杀马充饥、剪发换粮的境地,但是从未发生军队抢掠、骚扰百姓的事情,而且坚持买卖公平。靠着这种秋毫无犯的严明纪律和作风,"岳家军"不仅形成了"撼山易,撼岳家军难"的强大战斗力,而且树立了"爱民之师"的良好形象,得到了老百姓的爱戴和拥护。人类战争史表明,军队作风形象好,王者之师百姓箪食壶浆以相迎;军队作风形象差,害民之伍失道寡助打败仗。在国内革命战争中,国民党军残酷欺压百姓,横行霸道,处处遭到人民群众唾骂,军行所至,家家闭户;我军处处为人民着想,走到哪里就把好事做到哪里,部队刚到,户户炊烟。1949年5月25日凌晨,著名科学家竺可桢在上海岳阳路至永嘉路路段亲眼目睹了这一场景,满怀敬意地在日记中写道:"中国(人民)解放军……倦则卧地,亦绝不扰人,纪律之佳,诚难得也。"上海的报纸都把这张照片刊登在显著位置,包括美国合众社在内的世界多家通讯社都作了报道。也是在那天,33岁的荣毅仁打开窗户看到战士们睡在马路边上,便开着吉普车在上海街头转了一圈,发现到处都是这样的情景,当时他就断言:"国民党回不来了!"

作风优良是保证,关系军队的性质、宗旨、本色。作风优良才能塑造英雄部队,作风松散可以搞垮常胜之师。习主席指出:"我军要强起来,作风必须过硬。"① 在长期实践中,我军培育和形成了一整套光荣传统和优良作风,这是人民军队的鲜明特色和政治优势。能否保持我党我军的光荣传统和优良作风,关系军队生死存亡,关系党和国家事业兴衰成败,关系社会主义红色江山

---

① 《建设一支听党指挥能打胜仗作风优良的人民军队》,载于《解放军报》2016年5月23日。

会不会改变颜色。新形势下，必须夯实依法治军、从严治军这个强军之基，把作风建设作为军队一项基础性长期性工作抓紧抓实，坚持全心全意为人民服务的根本宗旨，发扬艰苦奋斗精神，锻造铁的纪律，纯正部队风气，巩固发展良好内外关系，确保我军血脉永续、根基永固、优势永存。

听党指挥、能打胜仗、作风优良，三者相互联系、密不可分，与我们党一以贯之的建军治军指导思想和方针原则是一致的，与革命化现代化正规化建设相统一的全面建设思想是一致的，统一于建设强大人民军队的实践。

五、把强军目标要求贯彻到部队建设各领域全过程

能不能贯彻落实好强军目标，关系国防和军队建设全局，关系我军有效履行使命任务，关系我军在世界军事竞争中赢得战略主动。强军目标怎样在军队各个领域各个单位贯彻落实，是一篇大文章，需要结合部队实际做深做细，在深化、具体化上下功夫。

（一）贯彻落实强军目标首先要领会精髓要义、增强认知认同、坚定信念信心

强军目标只有得到广大官兵理解和认同，变成广大官兵的价值追求和自觉行动，才能真正成为推动部队各项工作的根本遵循和强大动力。要深入推进强军目标学习教育，进一步把官兵的思想和行动统一到实现强军目标上来。进一步凝聚强军兴军的意志和力量。结合部队建设和军事斗争准备实际，结合官兵思想和工作实际，在加深学习理解上求深入，在更新思想观念上求深入，在推动实践转化上求深入，防止和克服"表面化""口号化"

"贴标签"现象，确保取得扎实成效。坚持理论联系实际，搞好转化运用，把学习贯彻强军目标同解决军事、政治、后勤、装备工作实际问题结合起来，使之成为加强部队全面建设、深化部队改革创新、推进军事斗争准备的强劲动力。

（二）各级党委要切实发挥在实现强军目标中的核心领导作用

强军目标能不能在国防和军队建设中得到有效贯彻落实，关键在各级党委。各级党委要切实发挥在实现强军目标中的核心领导作用，应势而动、顺势而为，增强贯彻落实强军目标的使命感和责任感，自觉确立与强军目标要求相适应的思想观念，紧紧围绕强军目标想问题、作决策、抓建设，以更大的决心、更高的标准、更有力的举措推动实现强军目标不断取得实质性进展。要把强军目标细化分解为部队发展的具体任务和指标，形成聚焦强军的工作导向、评价导向、激励导向，把贯彻强军目标的各项工作抓实抓到位。

（三）推动强军目标在基层落地生根

实现强军目标，基础在基层、活力在基层。基层是部队全部工作和战斗力的基础。基础不牢，地动山摇。部队所有工作都要靠基层去落实，在第一线冲锋陷阵也全靠基层。要牢固树立强基固本思想，树立大抓基层的鲜明导向，按照军队基层建设纲要，扎实打基础，反复抓落实，实现基层建设全面进步、全面过硬，推动贯彻落实强军目标向基层拓展、向末端延伸。

坚持扭住党的组织抓基层。"支部建在连上"是我军的优良传统，也是党领导军队的重要原则和制度。基层党组织作为党在基层的神经末梢，担负着建设和掌握基层部队的重要责任。"给钱给物，不如帮建一个好支部。"必须在基层党组织建设上用劲，选准配强正副书记，帮建党支部，帮带书记队伍，提高解决自身问题、领导部队全面建设和带领官兵遂行任务的能力，增强党组织创造力、凝聚力、战斗力。坚持用党的创新理论武装官兵，加强思想政治教育，弘扬我军光荣传统和优良作风，让听党的话、跟党走的思想在官兵头脑中深深扎根。强化基层党组织管党员、管干部的职能，建设过硬的干部队伍、士官队伍、党员队伍。积极探索动态分散条件下加强基层建设的特点规律，做好"动中抓建"的各项工作，确保既完成任务出色、又全面建设过硬。

坚持扭住战备训练抓基层。基层一切工作都要围绕战备训练来进行，战备训练抓得紧，官兵像"小老虎"一样嗷嗷叫，部队就能带上去、打胜仗。战备训练一松，部队松松垮垮、疲疲沓沓，就会百弊丛生，什么问题都可能出。要结合担负任务深入研究和实施针对不同作战对手、战场环境的战法训法，深入开展岗位练兵、比武竞赛等活动，激励官兵争当训练尖子、技术能手、精武标兵，营造练兵打仗的浓厚氛围。基层建设"硬件"要硬，"软件"也要硬。现在官兵生活条件得到了很大改善，各项保障搞得不错，这是好事。同时，也要防止条件好了吃苦精神退化、战斗意志松懈的问题。战士就是战士，战斗队就是战斗队，战斗力就是战斗力。要加强战斗精神培育，推进强军文化建设，克服"骄娇"二气，引导官兵争做有灵魂、有本事、有血性、有品德的新一代革命军人。

坚持扭住官兵主体抓基层。离开基层官兵，再宏伟的战略也不能实现，再先进的武器装备也发挥不了作用。要坚持相信和依靠广大官兵，尊重官兵主体地位和首创精神，紧紧依靠官兵把基层建设好。适应新的时代条件下基层官兵特点，加强部队政治民主、经济民主、军事民主"三大民主"建设，强化官兵主人翁意识，保障官兵知情权、参与权、建议权、监督权，尊重基层的工作安排权、人员使用权、财物支配权，为基层开展工作创造条件，增强基层内生动力和工作主动性。组织好团以上领导和机关干部下连当兵、蹲连住班，培养干部对士兵的感情，培养士兵对干部的感情，培养全军官兵对军队的深厚感情。时刻把基层官兵安危冷暖放在心上,把人力物力财力向边防、向高原、向基层、向一线倾斜,积极主动、千方百计、真心实意为他们排忧解难,创造拴心留人的良好环境,增强官兵凝聚力、向心力、归属感。

坚持扭住厉行法治抓基层。把依法治军作为基层建设的基本方式确立起来,按照条令条例规范基层建设,把一线指挥部、一线战斗堡垒、一线带兵人队伍搞坚强,狠抓经常性思想工作和经常性管理工作落实,保持部队正规秩序和安全稳定。坚持依法带兵,深入开展尊干爱兵、兵兵友爱活动,巩固和发展团结友爱、和谐纯洁的内部关系。各级领导机关要把工作重心放在基层,形成抓基层的强大合力。要加强工作统筹,搞好"关闸分流",坚决纠正"五多",减少部队忙乱。风气连着士气。要坚决纠正发生在官兵身边的不正之风,严禁吃拿卡要、收受官兵钱物,严禁侵占官兵利益,严禁随意插手基层敏感事务,营造风清气正的良好环境。

实现强军目标需要全军官兵共同奋斗,必须勇敢承担起我们这一代革命军人的历史责任。"靡不有初,鲜克有终。"建设强大军队是接续奋斗的伟大事业,一代人有一代人的使命,现在强军的责任历史地落到了我们肩上。我们要挑起这副担子,必须敢于担当,这既是党和人民的期望,也是当代革命军人应有的政治品格。领导干部要发挥模范带头作用,把带领部队实现强军目标作为重大政治责任,一心一意想强军、谋强军,不断增强贯彻落实强军目标能力。广大官兵要把爱党之情、报国之志、强军之行统一起来,坚定信念、忠诚使命,真抓实干、埋头苦干,努力开创强军兴军新局面。

第四章

贯彻新形势下军事战略方针

道路的选择和确定,是以战略分析和判断为支撑的。战略问题是一个政党、一个国家的根本性问题。新的历史条件下,习主席着眼国家发展战略和安全战略新要求,与时俱进创新军事战略指导,领导制定新形势下军事战略方针,确立了统揽军事力量建设和运用的总纲。坚定不移地走中国特色强军之路,就必须自觉贯彻新形势下军事战略方针,推动方针要求进入军队建设、改革和军事斗争准备工作实践,充分发挥方针的引导和牵引作用,增强履行使命能力,坚决完成党和人民赋予的各项任务。

一、战略上赢得主动,党和人民事业就大有希望

军事战略方针是党的军事政策的集中体现,从来是为实现党和国家战略目标服务的。从革命战争年代到社会主义建设时期,我军之所以能够战胜国内外一切敌人,成为实现民族独立解放的中坚力量、建设繁荣富强新中国的坚强柱石,关键是制定和实施了正确的军事战略。实践充分证明,军事战略科学准确,就是最大的胜算。战略上判断得准确,战略上谋划得科学,战略上赢得

主动，党和人民事业就大有希望。

（一）时代发展和国际战略格局深刻演变要求军事战略与时俱进

军事战略指导的生命力在于应时而变、应势而动。充实和完善军事战略方针这件事情最为重大，关系国防和军队建设、改革和军事斗争准备全局，关系未来战争胜负，关系我们党执政地位巩固和国家长治久安。时代发展和国际战略格局深刻演变要求军事战略与时俱进，实现中华民族伟大复兴的中国梦要求军事战略为我国由大向强发展提供有力支撑，国家安全战略新发展要求军事战略必须及时跟上，贯彻党在新形势下的强军目标对创新军事战略提出的内在要求。必须着眼实现"两个一百年"奋斗目标、实现中华民族伟大复兴的中国梦，着眼实现党在新形势下的强军目标，探索形成与时代发展同步伐、同国家安全需求相适应的军事战略指导，使新形势下军事战略方针成为能够支撑我国由大向强发展的方针，能够聚焦能打仗、打胜仗的方针，能够重点突出新型安全领域军事力量建设和运用的方针。

（二）有效履行新的历史时期军队使命任务

实现国家战略目标，贯彻总体国家安全观，对创新发展军事战略、有效履行军队使命任务提出了新的需求。必须适应维护国家安全和发展利益的新要求，更加注重运用军事力量和手段营造有利战略态势，为实现和平发展提供坚强有力的安全保障；适应国家安全形势发展的新要求，不断创新战略指导和作战思想，确保能打仗、打胜仗；适应世界新军事革命的新要求，高度关注应对新型安全领域挑战，努力掌握军事竞争战略主动权；适应国家战略利益发展的新要求，积极参与地区和国际安全合作，有效维护海外利益安全；适应国家全面深化改革的新要求，坚持走军民融合式发展道路，积极支援国家经济社会建设，坚决维护社会大局稳定，使军队始终成为党巩固执政地位的中坚力量和建设中国特色社会主义的可靠力量。

我军是执行党的政治任务的武装集团，党和人民所需就是军队使命任务所系，随着时代发展和国家安全环境变化，我军职能使命不断拓展，新的历史时期军队使命要求我军：坚决维护中国共产党的领导和中国特色社会主义制度，坚决维护国家主权、安全、发展利益，坚决维护国家发展的重要战略机遇期，坚决维护地区与世界和平，为全面建成小康社会、实现中华民族伟大复兴提供坚强保障。

（三）新形势下军队战略任务进一步拓展和延伸

新形势下，我军既要应对传统安全威胁又要应对非传统安全威胁，既要维护安全利益又要维护发展利益，既要维护内部安全又要维护外部安全，战略任务进一步拓展和延伸。主要包括：应对各种突发事件和军事威胁，有效维护国家领土、领空、领海主权和安全；坚决捍卫祖国统一；维护新型领域安全和利益；维护海外利益安全；保持战略威慑，组织核反击行动；参加地区和国际安全合作，维护地区和世界和平；加强反渗透、反分裂、反恐怖斗争，维护国家政治安全和社会稳定；担负抢险救灾、维护权益、安保警戒和支援国家经济社会建设等任务。

（四）把战略方针的各项要求有效落实到实处

在当前和今后一个时期，要结合单位和部门实际，研究拿出有效管用措施，在抓落实上狠下功夫，真正把战略方针的各项要求有效落到实处。正确把握我军战略指导的基本思想和原则，深刻理解新形势下的战略目标和任务，拓展和深化军事斗争准备，充分发挥军事战略对军队各项建设和工作的统揽作用。以军事斗争准备为龙头带动信息化建设加速发展，以网络信息体系为抓手，推动我军信息化建设实现跨越式发展。着眼形成现代战斗力生成模式，加强新型作战力量建设，加快现代后勤建设步伐，发展高新技术武器装备，加强高素质新型军事人才培养。深化国防和军队改革是贯彻落实军事战略方针的重要途径，要准确把握军事需求，使各项改革同军事战略方针的指向和要求一致起来，提高改革筹划和实施的科学性。

领导干部要带头学习贯彻军事战略方针。要强化战略意识，自觉把学习贯彻军事战略方针作为必修课，更深透、更全面理解把握军事战略方针，通过对军事战略方针的学习掌握，拓宽战略视野，更新战略思维，增强战略素养，保持战略清醒，提高战略筹划和指导能力。加强战略运筹，既重点加强对信息化条件下局部战争的指导，又重视加强对非战争军事行动的指导，使军事战略指导涵盖遂行多样化军事任务的全部实践。围绕实现强军目标，在军事战略方针统揽下搞好布局、抓好工作，坚持问题导向，抓紧解决各种短板弱项，不断开创部队建设新局面。

二、积极防御战略思想是我军一贯坚持的总方针和克敌制胜的法宝

积极防御战略思想是我们党军事战略思想的基本点，是我军几十年一贯坚持的总方针和克敌制胜的法宝。

（一）积极防御战略思想是我们党军事战略思想的基本点

在长期革命战争实践中，人民军队形成了一整套积极防御战略思想，坚持战略上防御与战役战斗上进攻的统一，坚决防御、自卫、后发制人的原则，坚持"人不犯我，我不犯人；人若犯我，我必犯人"。新中国成立后，中央军委确立积极防御军事战略方针，并根据国家安全形势发展变化对积极防御军事战略方针的内容进行了多次调整。1993年，制定新时期军事战略方针，

以打赢现代技术特别是高技术条件下局部战争为军事斗争准备基点。2004年，充实完善新时期军事战略方针，把军事斗争准备基点进一步调整为打赢信息化条件下的局部战争。

（二）我国社会主义性质决定了必须毫不动摇坚持积极防御战略思想

我国社会主义性质和国家根本利益，坚持走和平发展道路的客观要求，决定了必须毫不动摇坚持积极防御战略思想。我国始终奉行防御性的国防政策，坚持走和平发展道路，永远不称霸、永远不搞扩张，但也不会在别人的挑战面前逆来顺受、忍气吞声，不会任人肆意向我们挑衅。中国不惹事，也不怕事，任何时候任何情况下，都决不放弃维护国家正当权益，决不牺牲国家核心利益。坚持积极防御战略思想，有利于我们占据道义制高点、掌握政治和外交主动，有利于以武止戈，保障国家和平发展，也能够使我们避免陷入战争泥潭。这是总结历史经验、科学判断现实和未来得出的结论，决不是权宜之计，要牢牢坚持住。

（三）积极防御的内涵是随着时代的发展而不断发展的

积极防御的内涵是随着时代的发展而不断发展的，不是固化的、狭义的。由于国际形势发展变化、错综复杂，现在，国家安全问题范围和领域不断扩大，军队担负的职能任务不断拓展，军事力量运用日益常态化，运用方式越来越多样化。这就要求我们坚持积极防御战略思想，同时深刻把握国家安全内涵和外延的发展变化，进一步丰富发展积极防御的时代内涵，以防御为根本，在"积极"二字上做文章，进一步拓宽战略视野、更新战略思维、前移指导重心，整体运筹备战与止战、维权与维稳、威慑与实战、战争行动与和平时期军事力量运用，注重深远经略，塑造有利态势，综合管控危机，坚决遏制和打赢战争。

三、深化对打什么仗、怎么打仗问题的研究

战略就其本来意义而言，就是指导战争全局的方略。近年来，世界军事技术领域发生新的重大变化，涌现出很多具有革命性影响的作战力量和手段。战争基本形态加速向信息化战争演变。我军多年没打仗了，对现代战争是个什么样子、怎么打、怎么指挥，老实说还知之不多、知之不深。我们要坚定不移地走好中国特色强军之路，就必须要本着对历史负责对国家和民族负责的精神，深化对打什么仗、怎么打仗问题的研究，努力提高战争指导水平。

（一）把现代战争的特点规律和制胜机理搞清楚

习主席指出："研究作战问题，核心是要把现代战争的特点规律和制胜机理搞清楚。"[①] 现代战争中，制信息权成为夺取战场综合控制权的核心，一体化联合作战成为基本作战形式，平台作战、体系支撑，战术行动、战略保障成为现代战争的显著特点。现代战争还有其他一些特点。比如，战争的时空特性发生重大变化，多维战场空间融为一体，战略、战役、战术行动界限趋于模糊，时间要素不断升值，战争进入发现即摧毁的"秒杀"时代。还比如，运用精锐力量实施精确作战的特征更加突出，在防区外对全纵深目标进行中远程精确打击成为重要作战方式。再比如，作战指挥日趋扁平化，作战组织和管理日趋标准化、流程化、精细化。又比如，无人作战、空天战略打击、新概念武器以及高效毁伤弹药的运用，已经并将继续改变战争面貌，等等。现

[①] 《习近平关于党在新形势下的强军目标重要论述摘编》，解放军出版社2014年版，第59页。

代战争确实发生了深刻变化。这些变化看上去眼花缭乱,但背后是有规律可循的,根本的是战争的制胜机理变了。要透过现象看本质,把现代战争的制胜机理搞透,否则的话只能是看西洋镜,不得要领。

(二) 战争思维和作战理念必须与时俱进

战争形态变了、作战方式变了,我们的战争思维和作战理念必须与时俱进。恩格斯有句名言:"在长久的和平时期兵器由于工业的发展改进了多少,作战方法就落后了多少。"① 面对信息化战争快速发展的大势,必须创新基本作战思想。坚持灵活机动、自主作战原则。凡战者,以正合,以奇胜。战争指导艺术的最高境界,就是你打你的、我打我的。我军过去在武器装备落后的情况下能够战胜强敌,很重要的是靠机动灵活的战略战术。应对信息时代的战争,要尽量避免在高技术领域同敌人打堂堂之阵,而应针对敌方作战体系的薄弱环节,发展非对称作战方式方法,瞄着敌人的软肋和死穴打,着眼于发挥我们的优势打,这就叫"以能击不能""致人而不致于人"。实施信息主导、精打要害、联合制胜的体系作战。改变重要素轻体系、重平台轻信息的思路,贯彻信息主导、体系建设的思想,形成现代化的战斗力生成模式。

(三) 把握新的时代条件下人民战争的新特点新要求

不论形势如何发展,人民战争这个法宝永远不能丢。要把握新的时代条件下人民战争的新特点、新要求,创新内容和方式方法,充分发挥人民战争的整体威力。坚持兵民是胜利之本,推动战争动员以人力动员为主向科技动员为主转变,把战争潜力转变为赢得战争的强大实力。发挥民兵和人民群众特有优势,组织参

---

① 《马克思恩格斯全集》(第 10 卷),人民出版社 1962 年版,第 573 页。

与维权斗争、反恐斗争、信息作战和防护救援等军事行动，提高军地联合行动能力。

四、推动战略指导创新发展

正确把握我军战略指导的基本思想和原则，深刻理解新形势下的战略目标和任务，拓展和深化军事斗争准备，充分发挥军事战略对军队各项建设和工作的统揽作用，必须推动战略指导创新发展。

（一）对军事斗争准备基点作出调整

回顾新中国成立以来特别是改革开放以来我军建设实践，军事战略的每一次重大创新发展，都极大推动了军事斗争准备，有力指导了军事斗争实践。根据战争形态演变和国家安全形势，将军事斗争准备基点放在打赢信息化局部战争上，突出海上军事斗争和军事斗争准备，有效控制重大危机，妥善应对连锁反应，坚决捍卫国家领土主权、统一和安全。确立这一基点，有利于将全军军事斗争准备聚焦在打赢信息化局部战争的核心作战能力上，有利于掌握军事斗争战略主动权，为在更高的起点上推进军队建设和军事斗争准备明确了新的标准和努力方向。

海上方向是我国战略利益拓展的重要方向，是确保国家长治久安和持续发展必争必保的战略空间。历史经验表明，面向海洋则兴、放弃海洋则衰；国强则海权强、国弱则海权弱；海权是决定我们国家和民族命运的重要因素；历史上曾经出现的大国，不管是老牌的葡萄牙、西班牙、荷兰、英国，还是后起的德国、法国、俄罗斯、美国，几乎都是当时的海洋强国；海权不仅反映综合国力，而且是综合国力的战略依托和潜力所在。当前，我国在海上方向将长期面对遏制和反遏制、分裂和反分裂、侵权和反侵权等多种矛盾和斗争，海上安全环境更趋复杂。要把战略目光投向海洋，突出海上军事斗争和军事斗争准备，这方面的作为和积累，将决定未来海上态势，决定未来我国维护主权、安全、发展利益的战略主动。

我国地缘战略环境复杂，各战略方向、各安全领域都存在不同威胁和挑战，要统筹加强各方向、各领域战略指导，促进军事斗争准备全面协调发展。统筹好主要战略方向和其他战略方向军事斗争准备，积极运筹谋划各方向各领域军事斗争，努力争取军事斗争战略主动；统筹好传统安全领域和新型安全领域军事斗争准备，做好维护国家主权和安全、维护国家海洋权益、应对武装冲突和突发事件准备；统筹好军事、政治、后勤、装备等方面军事斗争准备工作，坚持协调推进，整体提高。

（二）优化军事战略布局

面对多方向安全压力，军事战略指导既要通盘谋划、确保战略全局稳定，又要突出重点、扭住关系全局的战略枢纽，增强战略布局的平衡性、立体性、外向性。

军事战略指导重心前移，是适应新的国家安全形势做好军事斗争准备的客观需要。根据我国地缘战略环境、面临安全威胁和军队战略任务，构建全局统筹、分区负责，相互策应、互为一体的战略部署和军事布势；应对太空、网络空间等新型安全领域威胁，维护共同安全；加强海外利益攸关区国际安全合作，维护海外利益安全。

随着我国国家利益日益拓展，我们越来越多的利益和设施孤悬海外，维护海外利益安全需求不断增大。海外利益越大，安全风险也就越大，这是相伴而生的，正所谓"祸兮，福之所倚；福兮，祸之所伏"。要以更宽广的战略视野谋划军队建设，搞好走出去的战略运筹，增强在更加广阔的空间遂行多样化军事任务能力。加强对海外军事存在和活动、海外行动能力建设等问题的筹划和指导，形成有效维护我海外利益的军事力量布势。

优化战略布局，既要关注陆地、海洋、空中等传统安全领域，还要关注太空、网络空间等新型安全领域。太空是国际战略竞争制高点。有关国家发展太空力量和手段，太空武器化初显端倪。我国一贯主张和平利用太空，反对太空武器化和太空军备竞赛，积极参与国际太空合作。要密切跟踪掌握太空态势，应对太空安全威胁与挑战，保卫太空资产安全，服务国家经济建设和社会发展，维护太空安全，网络空间是经济社会发展新支柱和国家安全新领域。网络空间国际战略竞争日趋激烈，不少国家都在发展网络空间军事力量。我国是黑客攻击最大的受害者之一，网络基础设施安全面临严峻威胁，网络空间对军事安全影响逐步上升。要加快网络空间力量建设，提高网络空间态势感知、网络防御、支援国家网络空间斗争和参与国际合作的能力，遏控网络空间重大危机，保障国家网络与信息安全，维护国家安全和社会稳定。

我们党历来高度重视军事外交，在不同历史时期，军事外交为推进国家总体外交、维护国家安全、推动我军建设发挥了重要作用。新形势下军事外交在国家外交和安全战略全局中的重要性进一步增强，地位更加突出。要围绕实现国家外交战略、安全战略加强军事外交整体设计，坚持共同安全、综合安全、合作安全、可持续安全的安全观，全方位发展对外军事关系，推进务实性军事合作，履行国际责任和义务，推动建立公平有效的集体安全机制和军事互信机制，积极拓展军事安全合作空间，营造有利于国家和平发展的安全环境。

（三）把握军事理论创新的着力点

军事理论创新应深入研究国防和军队建设中的重大理论和实践问题，及时回答国防和军队建设出现的新情况新问题，用科学理论来解释现实、揭示未来，以创新理论指导部队战斗力建设实践,切实肩负起军事理论创新在实现强军目标中的时代重任和使命担当。

突出重大战略问题的前瞻性研究。战略理论是军事理论体系的核心内容之一,具有重要的支撑作用。重大战略问题,直接关系到国家安全和军队建设的全局和发展方向,一旦出错就可能影响国家的发展进程。当前,战争形态、作战样式和制胜机理深刻演变,国际和周边安全环境更趋复杂,国家安全领域不断拓展,我军作战力量和武器装备快速发展,这些都需要从战略层面加强筹划、科学指导,推动军事力量的建设和运用。应深入分析国防和军队建设的历史方位、阶段性特征、有利条件和发展难题,搞好战略筹划和顶层设计,理清发展方向、发展思路、发展重点,更好地发挥军事战略对于推动军事斗争准备和军队建设的统揽作用,从宏观上确保军队能打仗、打胜仗。

持续推进重大战略问题前瞻性研究。加强军事斗争准备基点、军事建设规划、边防战略等问题研究,着力研判国际战略态势、周边安全形势和世界新军事变革趋势,跟踪掌握主要战略对手的军事战略调整、作战理论及组织体制、武器装备变化等情况,深入开展富有时代特征、具有我军特点的战略问题研究。

深化能打胜仗的应用理论研究。强军目标的核心是能打仗、打胜仗。这就要求军事理论研究,必须面向部队、面向战场、面向未来,紧紧围绕军事斗争准备,紧贴作战要求,着眼新的历史阶段和发展变化的内外环境,在求实的基础上创新。应从全局上和战略上搞清楚,我军会在什么时机、什么地点、什么环境下打仗、打什么样式、什么强度的仗,用什么手段打仗,怎样才能打胜仗等问题。研究军队建设改革问题,应着眼军队职能使命和打赢未来战争要求,保持特色和优势,研究需要什么样的军事能力,什么样的武器装备,什么样的人员素质,什么样的组织形态和力量结构,什么样的领导指挥模式和运行方式,以及实现的思路举措和方法路径等。军事活动的逻辑起点是敌我对抗,把现实和潜在对手搞全、搞深、搞透,是拿出能打胜仗军事理论的基本前提。当前,除了加强对外军的军事理论、建设发展趋势、武器装备变化、体制编制变革的研究外,应特别注重深入细致地研究外军的作战条令、作战思想、作战方法,以及不同部队的特点、指挥员素质与个性特征等问题,从而使能打仗、打胜仗的军事理论研究,真正建立在全面深刻知己知彼的基础上。

强化信息化战争特点规律和制胜机理研究。研究信息化战争制胜机理,是军事理论创新的重要内容。应跟踪研究世界军事发展和战争形态演变趋势,深入研究、科学揭示信息化战争制胜机理和战争指导规律,拿出对我军战略理论和作战理论起关键引领和核心支撑作用的原创性研究成果,以此牵引军事斗争准备的方向和重点,提高战略指导和作战指导水平。要搞透战争制胜机理。首先,应高度重视现代技术对战争形态的影响。着眼现代战争演变趋势,重视高新科技发展对战争形态、作战方式、作战体系带来的革命性影响,尤其应高度关注那些颠覆性技术对未来战争规则、制胜机理可能带来的根本性改变,从中把握技术引领战术、技术推动军事理论创新的新规律新趋势。其次,应搞准战场空间新特性新变化。战场空间的诸多变化,必然带来制胜机理的改变。应高度关注网络、太空、海洋等领域的安全问题,加强新质作战力量运用研究,探索备战与止战、威慑与实战、战争行动与和平时期军事力量运用的运筹方法。

五、为建设世界一流军队打下更为扎实的前进基础

搞好国防和军队建设,首先要做好顶层设计。全面建成小康社会决胜阶段,是国防和军队建设的重要窗口期,也是爬坡过坎的关键时期。坚定不移地走中国特色强军之路,必须紧密结合军

队面临的形势任务和工作实际，深入贯彻新发展理念，努力实现更高质量、更高效益、更可持续的发展。在军队建设发展战略指导上要更加注重聚焦实战、更加注重创新驱动、更加注重体系建设、更加注重集约高效、更加注重军民融合。我们要以时不我待的精神加快推进国防和军队现代化，确保到2020年基本完成国防和军队改革目标任务，基本实现机械化，信息化建设取得重大进展，构建能够打赢信息化战争、有效履行使命任务的中国特色现代军事力量体系，使中国特色社会主义军事制度更加成熟、更加定型，为实现强军目标、建设世界一流军队打下更为扎实的前进基础。

（一）更加注重聚焦实战

军队首先是一个战斗队，必须把全部心思向打仗聚焦，使各项工作向打仗用劲。我军许多年没打过仗了，尤其缺乏信息化条件下作战的经验，各项建设成果缺乏实战检验，现在部队建设中仍有许多同实战贴得不紧的现象。这反映了我军建设一个很大的不足，如果不坚决扭过来，可能越发展就离实战越远。必须坚持战斗力这个唯一的根本的标准，坚决纠正同实战要求不符的一切思想和行为，确保部队建设发展经得起实战检验。

提高军队建设实战水平，关键是要强化作战需求牵引。要把作战需求搞准搞透。现在，一些重大建设项目耗资巨大，如果作战需求搞不准，投下去了，不仅会影响战斗力建设，而且会造成巨大浪费。浪费了财力是大事，浪费了军事斗争准备时机是更大的事，会酿成不可饶恕的历史性错误。规划实质是设计军队的未来，必须有战略视野和前瞻眼光。要着眼未来十到二十年来筹划，把需求牵引规划、规划主导资源配置作为一个基本原则鲜明地立起来，加紧研究构建具有我军特色的作战需求生成机制，确保作战需求贯彻到国防和军队建设各方面和全过程。

（二）更加注重创新驱动

抓创新就是抓发展，谋创新就是谋未来。军事领域创新和竞争尤为激烈，创新能力是一支军队的核心竞争力，也是生成和提高战斗力的加速器。这些年，我军建设发展主要靠投资要素驱动的特征比较明显，这在一定历史条件下是必要的，但目前再一味靠大水漫灌式的增加投入，作用有限而且边际效用递减，很难持续下去。创新能力不足已经成为制约我军建设发展和战斗力提升的突出矛盾。靠改革创新推动国防和军队建设实现新跨越，是决定我军前途命运的一个关键。要把创新摆在军队建设发展全局的核心位置，深入实施创新驱动发展战略，推进军事理论、技术、组织、管理、文化等各方面创新，不断提高创新对战斗力增长的贡献率。

下大气力抓理论创新，这就是抓军队的战斗力。一支强大的军队必须有科学理论作指导。理论创新对实践创新具有重大先导作用。理论虽然是抽象的，但科学的军事理论就是战斗力。军事战略创新也好，军事科技创新也好，其他方面军事创新也好，都离不开理论指导。我军军事实践发展很快，有不少重大问题亟需从理论上作出回答。信息化战争制胜机理是什么？如何筹划实施一体化联合作战？如何构建中国特色现代军事力量体系？如何提高军事管理科学化水平？如何增强政治工作的时代感和实效性？等等。现在，一些军事理论研究，对上同决策脱节，对下同部队脱节，对外同对手脱节。要坚持理论联系实际，既开阔视野又不在别人后面亦步亦趋，既开动脑筋又不脱离实际好高骛远，大力推进马克思主义军事理论创新，加快形成具有时代性、引领性、独特性、超前性的军事理论体系，为强军兴军实践提供科学理论支撑。从实际看，关键是要在战争和作战理论创新上求突破。要密切跟踪世界新军事革命发展趋势，深入研究信息化战争制胜机理，研究高新技术发展运用及其对战争的影响，研究军事斗争准

第四章　贯彻新形势下军事战略方针

备重大现实问题，构建具有我军特色、符合现代战争规律的先进作战理论体系。

下大气力抓科技创新，这就是牵军队的"牛鼻子"。当今世界，谁牵住了科技创新的"牛鼻子"，谁走好了科技创新这步"先手棋"，谁就能占领先机、赢得优势。近代以来我国逐渐由领先变为落后，一个重要原因就是我们错失了多次科技和产业革命带来的巨大发展机遇。在国际军事竞争日益激烈的形势下，唯创新者胜。不创新不行，创新慢了也不行。否则就会陷入战略被动，甚至错过整整一个时代。如果只是跟在别人后面追赶，不能搞出别人没有的一招鲜，最终还是要受制于人。当前，新一轮产业和科技革命蓄势待发，世界新军事革命加速发展，一些主要国家在科技创新上动作很大，企图形成新的压倒性技术优势。我军在高新技术方面同世界军事强国相比仍有较大差距，科技储备远远不够。要奋起直追、后来居上，加紧攻克核心关键技术等方面的老大难问题，加紧提高信息网络自主可控水平，加紧在一些战略必争领域形成独特优势。高度重视战略前沿技术特别是颠覆性技术发展，选准主攻方向和突破口，增强技术敏锐度和理解力，做到见之于未萌、识之于未发，争取实现弯道超车，实现由跟跑并跑向并跑领跑转变。

下大气力抓管理创新，这就是抓军队的关键环节。科学管理，对降低我军建设成本、提高军事系统运行效率、增强我军战斗力具有十分重要的意义。一支军队，理论指导再好，武器装备再好，战斗人员再多，如果管理一团糟，各项要素不能集成发挥作用，也是打不了胜仗的，甚至可能是打不了仗的。必须更新管理理念、完善管理体系、优化管理流程，提高专业化、精细化、科学化水平，推动我军向质量效能型转变。

下大气力抓人才队伍创新，这就是抓军队的核心要素。当年搞"两弹一星"，我们虽然物质匮乏，但有一批像钱学森、钱三强、邓稼先那样的世界顶尖科学家和一大批优秀科技人才。加紧集聚大批高端人才,是推动我军改革创新的当务之急。要围绕重要学科领域和创新方向,积极创新人才培养、引进、保留、使用的体制机制和政策制度,营造尊重人才、求贤若渴的社会环境,待遇适当、后顾无忧的生活环境,公正平等、竞争择优的制度环境,为人才心无旁骛钻研业务创造良好条件。以更加开放的视野引进和集聚人才,大胆使用青年人才,破除论资排辈、求全责备等观念,造就一批世界水平的科学家、科技领军人才、工程师和高水平创新团队,努力培养造就宏大的高素质创新军事人才队伍,形成各类人才创造活力竞相迸发的生动局面。

下大气力抓实践创新,这就是抓军队的前进基础。推进军队改革创新需要全军官兵共同努力。我军蕴含着巨大创新潜能。要尊重官兵主体地位,发挥官兵首创精神,激发官兵锐意进取的勇气、敢为人先的锐气、蓬勃向上的朝气,激励大家争当创新的推动者和实践者,使谋划创新、推动创新、落实创新成为全军的自觉行动。要弘扬创新文化,尊重创新、崇尚创新,完善有利于释放创新潜力、激发创新活力的制度机制,发掘、培养、集聚一大批高素质创新型军事人才,营造勇于创新、鼓励成功、宽容失败的创新氛围。各级领导要带头解放思想、实事求是、与时俱进,推动创新、支持创新、引导创新,以重点突破带动和推进全面创新。

(三) 更加注重体系建设

军队能不能打仗、打胜仗,指挥是一个决定性因素。未来作战是体系对抗、联合作战,指挥有力才能形成体系、才能保证联合、才能有效对抗。因此,我们必须努力建设绝对忠诚、善谋打仗、指挥高效、敢打必胜的联合作战指挥机构,构建平战一体、常态运行、专司主营、精干高效的战略战役指挥体系。军委联指中心要把握好职能定位,进一步完善编组、优化程序、明确责任,优化完善运行模式。战区要毫不动摇听党指挥,聚精会神钻

第四章　贯彻新形势下军事战略方针

研打仗，高效指挥联合作战，随时准备领兵打仗。可以说，这些重要论述，实际体现的就是军委管总、战区主战、军种主建的要求。

作战指挥能力是指挥员及指挥机关对所属作战力量进行运筹和协调控制的能力，它基于既定指挥体制，集情报侦察能力、筹划组织能力、控制协调能力、指挥对抗能力等为一体，是部队作战能力的核心要素，也是确保有效形成整体作战合力的关键所在。特别是在未来信息化战争中，联合作战成为基本作战形式，具有战场空间多维、参战力量多元、体系对抗激烈等特征，更加凸显了指挥能力建设对于战争制胜的极端重要性。近年来，我军着眼打赢信息化战争，坚持以新形势下军事战略方针为统揽，聚力体制创新，着力构建平战一体、常态运行、专司主营、精干高效的战略战役指挥体系，为提高联合作战指挥能力奠定了体制基础。按照机动作战、立体攻防的战略要求，陆军积极适应新体制、新职能、新使命，更加自觉地把能打仗、打胜仗作为陆军转型建设的根本着眼点和落脚点，牢固确立主建为战理念，坚持以作战研究为牵引，以战法训法创新为突破，注重打牢作战指挥基础，强化各级指挥员基于任务、基于能力的指挥训练，推动作战指挥能力建设迈出坚实步伐。

信息化战争拼的就是体系，作战行动讲究联合性、协调性、整体性。这对成体系筹划和推进军事力量建设提出了刚性要求。要牢固确立信息主导、体系建设的思想，以对作战体系的贡献率为标准推进各项建设，统筹机械化、信息化建设，统筹各战区、各军兵种建设，统筹作战力量、支援保障力量建设，全面提高我军体系作战能力。

网络信息体系是以网络中心、信息主导、体系支撑为主要特征的复杂巨系统，是信息化作战体系的基本形态，是打赢信息化战争的核心支撑。要扭住网络信息体系这个抓手，推动信息化建设实现跨越式发展，运用信息技术的渗透性和联通性，把各种作战力量、作战单元、作战要素融合为一个有机整体。

加强体系建设,必须在提高新质战斗力上求突破,发展真正顶用管用的东西。如果费了很大劲、投入大量人力物力财力,最后搞出来的是落后的甚至无效的东西,那还不如不搞。要推进新型作战力量建设加速发展、一体发展,加大腾笼换鸟力度,努力打造以精锐作战力量为主体的军事力量体系。

发展体系作战能力,也不是说别人搞什么我们就非得搞什么,而是要形成自己的特色和优势。要坚持你打你的、我打我的,坚持非对称思想,坚持敌人怕什么就发展什么,不断提高有效慑敌制敌战略能力。

(四) 更加注重集约高效

注重集约高效是现代化军队发展基本趋势。我军组织结构日益复杂,专业分工更加精细,对标准化、规范化、精细化的要求越来越高。这是当今现代化军队发展的一个基本特征,要深刻把握、主动适应。长期以来,一些部队对实际情况若明若暗,作决策凭经验、拍脑袋、靠感觉,定方案笼而统之,抓工作大而化之,发展方式粗放,组织实施不精准,这个现象在有的部队还非常突出。

加强国防和军队发展精准度研究。军队建设发展要精准,做到精准谋划、精准规划、精准部署、精准落实、精准检验。解决什么问题,怎样解决问题,怎样叫解决了问题,都要贯彻精准原则。加快推进以效能为核心的军事管理革命,健全以精准为导向的管理体系,提高国防和军队发展精准度。

注重决策科学化和具体化。改进决策方式和程序,建立健全决策咨询制度,完善信息和智力支持系统,提高决策科学化水平。规划是重大决策的具体化和集中体现,要强化执行力,把军队建设发展各项规划任务落到实处,不能打折扣,不能搞变通。

把过程控制摆在战略位置来抓。这方面,我们做得还不够,评估、督导、调控机制不健全、方法不科学，什么事都"大呼隆"、大兵团作战，雨过地皮湿，没有解决问题。加强专业化评估，加强督导的针对性和刚性约束，加强相机调控、定向调控，健全重大任务跨部门协调推进机制，确保各项决策部署落地生根。

军队建设重大资源要统筹调配。现在，对经费、人才、装备、设施等资源的管理使用不够科学，往往是各管一摊、各抓一段，综合效益不高。在经济下行压力较大、财政收入增长放缓、财政支出刚性加大的情况下，确保军费正常增长是很不容易的。要强化集中统管，统筹增量和存量，增量资源的投向和投量要合理确定，存量资源特别是闲置资源要统筹调剂，以结余补不足，以闲置补急需。

（五）更加注重军民融合

军民融合发展是实现发展和安全兼顾、富国和强军统一的必由之路。要加快形成全要素、多领域、高效益的军民深度融合发展格局，促进经济建设和国防建设协调发展、平衡发展、兼容发展。

从实践看，军民融合发展关键是要解决好体制机制问题，健全相应的组织管理体系、工作运行体系、政策制度体系。坚持国家主导、需求牵引、市场运作相统一，探索建立军地协调、需求对接、资源共享机制。军民融合发展涉及多元主体、多方利益，要创新政策制度，加快相关立法工作，为军民融合发展提供法规制度保障。

推动军民融合发展，军地双方都要深化认识，更新思想观念，打破利益壁垒，做到应融则融、能融尽融。海洋、太空、网络空间对我国安全和发展的重要性日益凸显，要把这些领域作为军民融合的重点突出出来，合力建设海洋强国、航天强国、网络强国。军队要改变自成体系、相对封闭的发展模式，加快把军队建设融入经济社会发展体系。

第五章

中国特色强军道路上的政治建军

"国家大柄,莫重于兵。"我军是人民军队,是革命的武装力量,政治工作是我军的看家本领,是我军的最大特色、最大优势,是我军同一切其他性质军队的最大区别,也是我军保持人民军队性质、宗旨、本色的重要保障。习主席亲自决策到古田召开全军政治工作会议,深刻阐明新的历史条件下党从思想上政治上建设军队的重大问题,明确提出军队政治工作的时代主题是,紧紧围绕实现中华民族伟大复兴的中国梦,为实现党在新形势下的强军目标提供坚强政治保证,确立了党在强国强军进程中政治建军的大方略。政治工作永远是我军的生命线。面对新的形势和任务,坚定不移地走中国特色强军之路,必须更加坚定自觉地贯彻政治建军要求,确保部队建设坚定正确的政治方向,确保我军永远立于不败之地。

一、政治建军是人民军队的立军之本

一切向前走,都不能忘记走过的路;走得再远、走到再光辉的未来,也不能忘记走过的过去。我军政治工作萌芽于大革命时期,创立于建军之初,奠基于古田会议,在长期革命、建设、改革实践中不断丰富和发展。古田会议确立了马克思主义建党建军原则，确立了我军政治工作的方针、原则、制度，提出了解决把以农民为主要成分的军队建设成为无产阶级性质的新型人民军队这个根本性问题的原则方向。历史，往往在经过时间沉淀后可以看得更加清晰。回过头来看，古田会议奠基的我军政治工作对我军生存发展起到了决定性作用，使我们这支军队实现了浴火重生、凤凰涅槃。从那以后，在党领导下，我军由小到大、由弱到强，不断从胜利走向胜利。

（一）实行革命的政治工作保证了我军始终是党绝对领导下的革命军队

"凡制国治军，必教之以礼，励之以义。"政治工作实质上是党领导和掌握军队的工作。我军作为执行党的政治任务的武装集团，要成为党绝对领导下的革命军队，必须坚持党的绝对领导，必须坚定不移听党的话、跟党走，必须做到党指向哪里、就打到哪里。我们党在军队各级建立了党的组织，班排有小组，连队有支部，营级以上单位建立党委，党的领导直达基层、直达士兵。我们党领导军队的一整套制度，越是在重大考验面前越能显现作用。从中外历史和现实看，在有些国家，军队指挥官甚至一个中下级军官就可以把队伍拉起来造反。然而，在我军历史上，从来没有一支成建制的队伍被敌人拉过去，也没有任何人能利用军队来达到其个人目的。我们只要牢牢坚持党指挥枪，就能"任凭风浪起，稳坐钓鱼船"。

（二）实行革命的政治工作为我军战胜强大敌人和艰难险阻提供不竭动力

占领思想，铸牢军魂，是我们的根本力量所在。人民军队强就强在这一点，敌人最怕我们的也是这一点。在长期实践中，我军通过深入的政治工作，靠着"革命理想高于天"的坚定信念，靠着压倒一切敌人而不被任何敌人所压倒、征服一切困难而不被任何困难所征服的革命精神，完成了世所罕见的万里长征，以小米加步枪打败了美式装备的国民党军队，在朝鲜战场打败了武装到牙齿的世界头号强敌，演出了一幕幕威武雄壮的战争活剧，创造了一个个惊天地、泣鬼神的英雄壮举。"革命不怕死，怕死不革命"，只要还有一个人，就要同敌人血战到底，这是人民军队的信条。

（三）实行革命的政治工作使我军始终保持了人民军队的本色和作风

为什么人服务的问题关系军队性质和发展方向。我军作为无产阶级性质的新型人民军队，始终同人民站在一起，始终全心全意为人民服务。我军一开始就建立了严明的群众纪律，军之所至，秋毫无犯。三大纪律八项注意影响和教育了一代又一代官兵。我军历来强调官兵一致，在政治上完全平等，在生活上同甘共苦，形成了区别于旧军队的新型官兵关系。军队就像一个大熔炉，把农民、旧军人、俘虏兵熔化改造成为英勇的革命战士。艰苦奋斗是我军的政治本色。我军能够吸取李自成军队进北京后"庞大的人马都在京城里享乐"的教训，没有成为李自成第二，从根本上说是用艰苦奋斗精神教育官兵的结果。

（四）实行革命的政治工作使我军形成了一整套优良传统

"千淘万漉虽辛苦，吹尽狂沙始到金。"在长期实践中，我军政治工作形成了一整套优良传统，主要包括：坚持党指挥枪的根本原则和制度，坚持全心全意为人民服务的根本宗旨，坚持实事求是的思想路线，坚持群众路线的根本作风，坚持用科学理论武装官兵，坚持围绕党和军队中心任务发挥服务保证作用，坚持公道正派选拔使用干部，坚持官兵一致、发扬民主，坚持实行自觉的严格的纪律，坚持艰苦奋斗、牺牲奉献的革命精神，坚持党员干部带头、以身作则，等等。这些优良传统是我军政治工作的根本原则和内容。我们一定要把先辈们用鲜血和生命铸就的优良传统一代代传下去。

二、新形势下必须加强政治建军

坚持政治建军，确保党对军队的绝对领导，这是我们党建军治军的根本原则，也是我军政治工作的根本遵循和核心任务。我军政治工作自南昌起义开创以来，特别是自三湾改编和古田会议以来，领域不断拓展，内容不断丰富，实践不断深入，认识不断深化，全面反映了我们党对政治建军的科学设计和实践探索。认真回顾梳理我军政治工作发展历程，从中揭示我们党政治建军的核心理念和核心要求，用以指导当前实践，这对于新形势下坚定不移地走中国特色强军之路，加强政治建军，推进我军政治工作创新发展具有重要意义。

（一）加强政治建军要突出中国梦和强军梦的目标引领

我军政治工作 90 年的理论与实践表明：加强政治建军，最根本的就是用党的方向引领军队的方向，用党的任务规定军队的使命。革命战争年代，党的中心任务是推翻"三座大山"、武装夺取政权，我军政治工作最根本的任务就是保证这一目标的实现。新中国成立后，党的历史地位和使命任务发生根本变化，由夺权变为掌权，由革命转向建设，我军政治工作也随之有了新的内容。改革开放以后，党的工作重心实现战略性转移，我军政治工作的任务也相应实现转变。这一任务，我们先后把它概括为"两个服务""四个保证"的指导思想和基本任务、"两个提供"的历史使命、"三个确保"的时代课题。

当前，党的历史使命是实现"两个一百年"奋斗目标，实现中华民族伟大复兴的中国梦，这是国家和民族的最高利益。中国梦绝非轻松顺当就能实现,我们会遇到各种阻力、压力和风险,这是我国由大向强发展进程中无法回避的挑战,必须有巩固国防和强大军队做坚强后盾。着眼实现中国梦,习主席提出了党在新形势下的强军目标,拎起了军队建设的总纲。实现中国梦强军梦,这是军队的使命担当,也是政治工作的使命担当。习主席在古田会议提出,政治工作的时代主题是,紧紧围绕实现中华民族伟大复兴的中国梦,为实现党在新形势下的强军目标提供坚强政治保证,这是党赋予我军政治工作的新使命新任务。[①] 我军新形势下的政治工作只有突出中国梦强军梦的目标引领,聚焦时代主题,推动现代化转型发展,才能彰显巨大威力。要以强国强军目标来谋划军队政治工作,彻底纠治政治工作过去存在的自我服务、自我保障、自我评价、自我循环的空忙空转,以是否有利于巩固党的绝对领导,是否有利于提高部队战斗力,是否有利于激发部队活力来衡量政治工作的成效;要以强国强军目标来鼓舞斗志,不断增强"三个自信",强化广大官兵的使命意识和责任担当;要以强国强军目标提出的新要求作为政治工作的努力方向,切实保证政治工作以强军目标为主轴高效运转,做到不离谱、不跑题,把政治工作的全部精力、能量和资源,都集中投放到部队中心工作上来。

(二)加强政治建军要科学认识和处理政治与军事的关系

我军政治工作 90 年的理论与实践表明:在加强政治建军和军队政治工作中要科学认识和处理许多关系,其中首要的基本的是政治与军事的关系。这对关系存在于我军建设发展的整个过程及各个方面,制约和影响着其他关系的存在和发展。能不能科学认识和处理这对关系,直接关系着政治建军的方向以及政治工作

---

① 《发挥政治工作对强军兴军的生命线作用,为实现党在新形势下的强军目标而奋斗》,载于《解放军报》2014 年 11 月 2 日。

的成效，关系着军队建设发展的盛衰。在我军历史上，曾出现过两种倾向：一种是在红军初创时期、抗日战争初期，不少官兵具有单纯军事观点，认为红军、八路军的任务只是打仗，政治工作只是辅助工作，处于从属地位甚至可有可无的地位；另一种是在土地革命战争中后期即王明统治时期、文化大革命时期，许多人片面突出政治的地位作用，把政治工作摆在了大于一切、高于一切、压倒一切的位置。这两种倾向都偏离了正确方向，严重影响了政治工作以及整个军队的发展。

要看到，政治和军事从来都是联系在一起的，军事只是完成政治任务的有力工具。加强政治建军，既要用党的方向引领军事发展的方向，用党的任务规定军队的使命，也要用先进思想和革命精神教育军队，为朝着党指引的方向前进，完成党赋予的任务提供力量源泉；政治工作的任务，只能根据军队的基本任务与当前的具体任务去规定，不能在此之外再有所谓政治工作的独立任务。把政治工作任务同整个部队任务分离开来，就会使政治工作与军事工作目标不一致，政治工作就会脱离实际陷入空对空。

科学认识和处理政治与军事的关系，在当前集中表现为科学认识和处理听党指挥和能打胜仗的关系。加强政治建军，一方面要紧紧抓住我军的根本宗旨，在新的时代条件下，加强理想信念教育，着力培养"四有"新一代革命军人；加强干部特别是高级干部的教育管理，着力增强政治工作威信；加强批评和自我批评，着力强化党性原则，进一步铸牢军魂，打牢广大官兵的思想根基，确保在党和人民需要的时候，我们这支军队能够始终坚持党的领导，拉得上去。另一方面要抓住军队的根本职能，服务中心工作，大力培育战斗精神，大力宣传担当精神、改革精神、法治精神等时代精神，为军队贯彻新时期战略方针、全面深化改革、全面依法治军从严治军提供强大精神动力，让一切战斗力要素的活力竞相迸发，确保在党和人民需要的时候，不仅拉得上去，而且能够打赢。

（三）加强政治建军要把政治、组织、思想、作风、文化、制度"六大建设"统一起来

我军政治工作90年的理论与实践表明：政治建军是一个系统工程，涉及许多方面，越是把这些方面的建设统一起来，政治建军和政治工作就越能取得好的效果。三湾改编，我军着力加强组织建设，把支部建在连上，班排建立党小组，加强了党对军队的组织领导；古田会议，我军着力加强思想建设，用无产阶级思想建设党和红军，增强了广大官兵对党的内在认同和坚定信念；延安整风时期，我军着力加强作风建设，纠治主观主义、宗派主义、党八股、军阀主义和教条主义等不良作风，大力倡导和发扬联系群众与实事求是的作风，促进了军队党的各项工作的贯彻落实；新时期新阶段，我军着力加强文化建设，大力培育当代革命军人核心价值观，党的领导在以文育人、以文化人中得到进一步强化；我军着力加强制度建设，在不同历史时期，制定颁发了一系列政治工作条例，为党对军队的绝对领导提供了重要保证。

新形势下，我们要总结汲取政治工作各项建设的优秀思想，立足新的实践，着眼新的发展，统筹推进各项建设。围绕坚定中国特色社会主义政治信念、坚决贯彻党的路线方针政策、体现党的意志和主张来加强政治建设；围绕党委建设、基层组织建设以及遵守党内组织原则、严格组织生活和纪律等加强组织建设；围绕坚守马克思主义信仰、坚定共产主义和社会主义理想来加强思想建设；围绕纠治"四风"、落实"三严三实"、弘扬政治工作优良传统来加强作风建设；围绕大力发展先进军事文化和培育强军文化来加强文化建设；围绕坚持和完善党委统一的集体领导下的首长分工负责制、大力推进依法治军实现三个根本性转变来加强制度建设。

（四）加强政治建军要重整行装再出发

问题是时代的声音，问题是工作的导向。一段时间以来，军队特别是领导干部在理想信念、党性原则、革命精神、组织纪律、思想作风等方面存在不少突出问题。习主席在全军政治工作会议上集中点了部队中特别是领导干部中存在的十个方面突出问题，指出这些问题已经到了非解决不可的时候，否则军队就有变质变色的危险。[①] 有病就要治，而且大病小病都要治，要及时治。必须贯彻整风精神，研究解决党从思想上政治上建设军队的重大问题，为推动全军重整行装再出发提供有利政治条件。

"善治病者，必医其受病之处；善救弊者，必塞其弊之源。"对这些问题需要从政治工作的角度进行反思，认真总结教训。一是教育者本身受教育不够。"将者不可以无德，无德则无力。"教育者必先受教育，这是我军政治工作的基本原则。现在，一讲教育，总是机关教育基层，上级教育下级，领导教育群众，而忽视了教育者本身，特别是对高级干部教育不够，"挂空挡"现象较为普遍，甚至成为死角。部队教育效果不好，固然有方式方法问题，但与领导干部自身不过硬有着直接关系。二是对领导干部管理失之于宽、失之于软。一段时间以来，对基层干部和士兵管得比较严，但对领导干部没有做到严格要求，在用权、生活、交往等方面管理约束不严格，党内生活的政治性、原则性、战斗性不强，对干部的苗头性倾向性问题不敢管、不愿管，甚至哄着护着，结果使小毛病演变成大问题。三是监督体系功能没有得到有效发挥。权力是需要监督的，没有监督的权力就会异化，绝对权力导致绝对腐败。大家普遍感到，上级监督太远、本级监督太软、下级监督太难，尤其是对主官的监督欠缺，对管人管钱管物

[①]《发挥政治工作对强军兴军的生命线作用，为实现党在新形势下的强军目标而奋斗》，载于《解放军报》2014年11月2日。

部门的监督不力。四是制度建设存在漏洞。"制先定则士不乱，士不乱则刑乃明。"选人用人制度上存在漏洞，预防和惩治腐败体系不健全，给腐败提供了滋生蔓延的土壤。

做好全军政治工作会议的"下篇文章"，着力整顿思想、整顿用人、整顿组织、整顿纪律，激活强军兴军的强大正能量。坚持严字当头、以上率下，各级党委从本级抓起，对照检查、举一反三，持之以恒纠治顽瘴积弊，持之以恒抓好整改任务落实，切不能敷衍了事、得过且过，更不能姑息养奸。巩固深化专项清理整治成果，突出整治重点领域行业风气和发生在官兵身边的不正之风，特别是要下决心纠治盘根错节的复杂问题、年代久远的遗留问题、长期形成的惯性问题。"树德务滋，除恶务本。"要从思想上、政治上、组织上、作风上彻底肃清郭伯雄、徐才厚案件的影响，彻底查清并严肃处理他们的小圈子和违规使用的人，彻底清理和纠正他们私下运作勾兑的那些程序和规定，把军队干部队伍搞纯洁，把政治空气搞纯净。通过清理整顿，把老红军光荣传统和优良作风恢复好、保持好、发扬好，把部队搞得更加纯洁巩固，把广大官兵紧紧凝聚在党的旗帜下，统一思想，坚定信心，开拓前进。

（五）加强政治建军要在着力解决矛盾问题中保持强大活力和动力

我军政治工作90年的理论与实践表明：时代在不断发展，社会在不断变革，问题在不断涌现，思想在不断变化，只有适应时代、社会和思想的发展变化，不断研究新情况，解决新问题，才能推动政治工作创新发展，保持政治建军的强大活力和动力。

从历史看，我军政治工作都是在不断解决各种各样的矛盾问题中向前发展的。1929年的古田会议，着力纠正党内的错误思想等一系列问题，规定了红军的性质和任务，确立了党对红军的领导原则、制度和方法，回答了思想建党、政治建军的重大问题，为我军政治工作奠了基、为人民军队定了型，成为我军政治工作的一个里程碑。1944年的"谭政报告"，在全党整风运动深入发展，整治"三风"取得重大成果基础上，又立足军队实际，着力解决军阀主义和教条主义问题，系统总结了军队政治工作的历史经验，推动了军队和革命事业发展，成为军队政治工作走向成熟的重要标志。1999年的《关于改革开放和发展社会主义市场经济条件下军队思想政治建设若干问题的决定》，立足我国改革开放和社会主义市场经济深入发展的大背景，系统回答了我军政治工作面临的一系列新情况新问题，提出了"正确认识和运用物质利益原则"等新思想新观念，实现了我军政治工作在市场经济条件下的创新发展。

当前，我军发展态势总体向上向好，特别是党的十八大以来，我军紧紧围绕实现中华民族伟大复兴中国梦和强军目标加强和改进政治工作，强力铸魂，服务中心，惩治腐败，聚力改革，取得明显成效。但同时要看到，制约国防和军队建设的体制性障碍、结构性矛盾、政策性问题仍然存在，需要政治工作提供力量支持；随着信息社会的飞速发展，网络和手机等新媒体越来越成为人们获取知识、思想交流的重要平台，政治工作还没有完全适应这一新特点新趋势，迫切需要手段方法的改进创新；特别是在政治建设方面还存在着信仰缺失、精神迷茫、任人唯亲、结党营私、个人主义、自由主义等一系列突出问题，迫切需要加以解决。我们只有坚持问题导向，着力回答和解决这些矛盾问题，才能推进政治工作创新发展，把政治建军提升到一个新的高度。

三、坚持党对军队绝对领导

坚持党对军队绝对领导，是人民军队的命脉所在，是我军的军魂和命根子，关系我军性质和宗旨、关系社会主义前途命运、关系党和国家长治久安。我军是党领导的人民军队，必须牢牢掌握在党的手中，必须做到绝对忠诚、绝对纯洁、绝对可靠。当前，特别要强调，要自觉做到在思想上、政治上、行动上与以习近平为核心的党中央、中央军委保持高度一致，坚决听从习主席、党中央和中央军委的指挥。在这个根本政治原则问题上，我们要头脑特别清醒、态度特别鲜明、行动特别坚决，决不能有任何动摇、任何迟疑、任何含糊。

（一）坚持党对军队绝对领导关键是"绝对"这两个字的要求

坚持党对军队绝对领导，关键是要达到"绝对"这两个字的要求。坚持领导和坚持绝对领导有什么区别？没有区别的话，不就成了文字游戏？既然有区别，既然讲绝对，军队在行动上就要体现出什么叫"绝对"。所谓"绝对"，就是强调坚持党的领导的唯一性、彻底性和无条件性。不论思想上还是行动上，都必须与党中央、中央军委始终保持高度一致；不论平时还是战时，都必须一切行动听指挥；不论党和军队的重大方针政策还是具体工作部署，都必须不折不扣贯彻落实，大是大非不含糊、小事小节不走样。

我们党在长期革命和建设实践中，形成和确立了党对军队实施绝对领导的一系列根本原则和制度，无论战争形态怎么演变、军队建设内外环境怎么变化、军队组织形态怎么调整，都必须始终不渝坚持。这个最根本的问题守不住，军队就会变质，就不可能有战斗力。

（二）坚持党对军队绝对领导就是要认真贯彻落实军委主席负责制

军委实行主席负责制是宪法规定的，是坚持党对军队绝对领导、实现党和国家长治久安的根本要求，事关党、国家和军队全局。认真贯彻落实军委主席负责制，就是要坚持全国武装力量由军委主席统一领导和指挥，国防和军队建设一切重大问题由军委主席决策和决定，中央军委全面工作由军委主席主持和负责。严格落实请示报告工作机制、督促检查工作机制、信息服务工作机制，坚持按制度来、按程序走、按规矩办。在坚持军委集中统一领导和军委主席负责制的大前提下，要正确把握集中统一领导和按级分工负责的关系，该请示报告的必须请示报告，该自己负责的就要自己负责，既不超越权限，又不推诿责任，做到守土有责、守土负责、守土尽责。

（三）坚持党对军队绝对领导就是要认真贯彻落实党委统一的集体领导下的首长分工负责制

党委统一的集体领导下的首长分工负责制，是党领导军队的根本制度。现在一些同志在这个问题上存在着不真懂、不会用的问题，有的对党委统一的集体领导下的首长分工负责制不甚了解，对党委常委会和首长办公会两者关系弄不清楚。这些认知上的不全面、不准确，会直接影响党对军队绝对领导制度的落实。必须认识到，党委制、双首长制、政治委员制是一种制度安排，更是一种政治设计。对这个问题不理解或理解不正确，说明政治上还没有完全合格、完全够格。各级党委要把落实党对军队绝对领导的制度作为第一位责任，坚定维护这套制度的严肃性和权威性，把党领导军队一系列制度贯彻到部队建设各领域和完成任务全过程，确保党指挥枪的原则落地生根。

（四）坚持党对军队绝对领导就是要强化政治意识、大局意识、核心意识、看齐意识

强化政治意识、大局意识、核心意识、看齐意识，经常、主动、坚决向党中央和中央军委看齐。最核心最要害的就是把毫不动摇坚持党对军队绝对领导扎根在思想上、落实在行动上。向党看齐，就要向党中央看齐，向党的理论路线方针政策和军委决策部署看齐,向党中央改革发展稳定、内政外交国防、治党治国治军各项决策部署看齐,始终在思想上政治上行动上同党中央和中央军委保持高度一致,坚决维护党中央和中央军委权威,坚决听从党中央和中央军委指挥。这是根本的政治原则和政治纪律,也是党和军队必须坚持的根本经验,必须作为最高的政治要求来遵守,作为最高的政治纪律来维护。

强化政治意识、大局意识、核心意识、看齐意识,经常、主动、坚决向党中央和中央军委看齐,必须抓好高级干部。军队要出问题,还是出在我们内部,出在高级干部身上。高级干部位高权重,出了问题就不是小问题,政治上出了问题危害更大。郭伯雄、徐才厚贪腐问题骇人听闻,但这还不是他们问题的要害,要害是他们触犯了政治底线。这就提醒我们,高级干部的教育、管理、监督一定要抓得紧而又紧,坚持从政治上考察和使用干部,确保枪杆子永远掌握在忠于党、经得起风浪考验的可靠人手中。

(五)坚持党对军队绝对领导就是要坚决抵制和批判"军队非党化、非政治化"和"军队国家化"

要不要坚持党对军队的绝对领导,始终是我们同各种敌对势力斗争的一个焦点。我军是党的军队、人民的军队、社会主义国家的军队,这是高度一致的。敌对势力加紧对我国策动"颜色革命",加紧实施网上"文化冷战"和"政治转基因"工程,极力鼓吹"军队非党化、非政治化"和"军队国家化",根本目的就是对我军官兵拔根去魂,把军队从党的旗帜下拉出去。这方面的较量,看似不动刀枪、不见硝烟,但实质上就是你死我活的斗争。意识形态领域斗争是一场持久战,敌对势力在这个问题上很有耐力,一刻没有放松行动,我们没有任何妥协、退让的余地,必须取得全胜。要切实掌握意识形态领域的话语权和领导权,加强思想舆论工作,以积极主动的工作占领部队思想阵地、文化阵地、舆论阵地,尽量巩固和拓展红色地带,控制和转化灰色地带,遏制和改造黑色地带，切实防范敌对势力对部队的渗透破坏，使官兵增强政治免疫力，始终保持政治坚定和思想道德纯洁。

四、把"四个带根本性的东西"牢固立起来

"秉纲而目自张，执本而末自从。"当前，坚定不移地走中国特色强军之路，要求加强和改进新形势下我军政治工作，最紧要的是按照习主席指示，把"四个带根本性的东西"立起来。

（一）把理想信念在全军牢固立起来

崇高的理想、坚定的信念，是革命军人的灵魂，是克敌制胜、拒腐防变的决定性因素。理想信念动摇是最危险的动摇，理想信念滑坡是最危险的滑坡。如果理想信念这个"总开关"出了问题，那就会政治上变质、经济上贪婪、道德上堕落、生活上腐化，什么问题都可能出。共产党人必须常补精神之"钙"，防止得"软骨病"。坚定对马克思主义的信仰，对社会主义和共产主义的信念，是我党我军思想政治建设的根本任务。部队思想政治建设，着力点就在确立正确的信仰信念，筑牢官兵精神支柱。把坚定官兵理想信念作为固本培元、凝魂聚气的战略工程，坚持思想领先，勤补精神之钙、常固思想之元，引导官兵立根固本，打牢"三个自信"的思想政治基础，把理想信念的火种、红色传统的基因一代代传下去。

（二）把党性原则在全军牢固立起来

坚持党性原则是共产党人的根本政治品格，是政治工作的根本要求。政治工作必须坚持党的原则第一、党的事业第一、人民利益第一，在党言党、在党忧党、在党为党，把爱党、忧党、兴

党、护党落实到工作各个环节。批评和自我批评是坚持党性原则、解决党内矛盾和问题的有力武器。要开展积极健康的思想斗争，推动形成是非功过分明、团结向上的风气，增强党内生活的政治性、原则性、战斗性，坚决反对好人主义和庸俗化倾向。坚持党性原则，关键是立规矩、讲规矩、守规矩。要提高制度执行力，让制度、纪律成为带电的"高压线"，使查处违纪违法问题制度化、经常化，使党员、干部心有所畏、言有所戒、行有所止。立党性原则是每个党员、干部的责任。领导干部要坚持真理、坚持原则，敢于同形形色色违反党性原则的人和事作斗争。各级要支持和保护那些敢讲真话、敢于同不良现象作斗争的党员、干部，让"潜规则"失灵，营造风清气正的政治生态。

（三）把战斗力标准在全军牢固立起来

我军根本职能是打仗，战斗力标准是军队建设唯一的根本的标准。政治工作必须保障战斗力标准在军队建设各个领域、各项工作中贯彻落实。要健全完善党委工作和领导干部考核评价体系，形成有利于提高战斗力的舆论导向、工作导向、用人导向、政策导向，以刚性措施推动战斗力标准硬起来、实起来。对我军来说，政治工作本身对战斗力形成和发挥起着十分重要的作用。那种把战斗力标准等同于军事标准、把战斗力建设同政治工作分割开来、对立起来的观点是错误的。政治工作，要强化围绕中心、服务大局的意识，走出自我设计、自我循环、自我检验的怪圈，按照打赢信息化局部战争要求，探索政治工作服务保证战斗力建设的作用机理，把政治工作贯穿到战斗力建设各个环节，融入到军事斗争准备全过程。

（四）把政治工作威信在全军牢固立起来

我们做政治工作主要靠模范带头，政治干部的表率作用本身就是最好的政治工作，这就叫行胜于言！现在，形势发展变化了，做政治工作方法手段多了，但模范带头并没有过时。官兵不是看你怎么说，而是看你怎么做。一段时间以来，由于存在的种种问题，我军政治工作的威信受到了伤害，有的伤得还不轻，正所谓"为威不强还自亡，立法不明还自伤"。现在，紧迫的任务是要把政治工作的威信树立起来，回到言行一致、以身作则、以上率下等这样一些基本原则上来。坚持从模范带头抓起，从领导带头抓起，通过总结好典型、激浊扬清、善用好干部、惩处败类，引导各级干部特别是政治干部把真理力量和人格力量统一起来，坚持求真务实，坚持公道正派。

五、增强思想政治教育的时代性和感召力

增强思想政治教育的时代性和感召力，这是当前我军政治工作特别是思想政治教育需要着力研究和解决的一个重大课题。这些年来，党中央和中央军委对思想政治教育高度重视，深入调查研究，科学筹划设计，精心部署指导，军队各级政治机关严格执行上级指示和要求，联系本单位实际开展思想政治教育，取得明显成效，为军队建设和军事斗争准备提供了强有力的思想支撑和精神动力。但同时要看到，由于种种原因，思想政治教育还存在一些突出问题，其中之一是，思想政治教育的时代性还不够鲜明，吸引力感召力还不够强，思想政治教育的质量效果有待进一步提高。

（一）思想政治教育的目的指向需要进一步聚集

军队思想政治教育本身不是目的，服务服从于民族和国家发展、人民利益、军队使命才是思想政治教育的实质和根本目的所在。因此，增强思想政治教育的时代性和感召力，首先要做的是，明确而坚定地揭示民族和国家发展以及军队建设的时代任

务，并用它来统领和规范思想政治教育的各个方面和整个过程，反过来说，思想政治教育的全部活动和目的指向要向这个时代任务聚集。当前，军队思想政治教育的目的指向在高层比较明确，但在不少基层官兵的心中还不是十分清晰。在最近的一次调查中，有的同志反映当前我军基层思想政治教育存在的一个问题是很多活动、头绪、思想观点聚不到一个点上，有点"散"。解决这个问题，就是要把实现中华民族的伟大复兴的"强国梦"和建设一支听党指挥、能打胜仗、作风优良的强大人民军队的强军目标的时代任务突出来、强化起来，用它来统领思想政治教育的目标、任务、主题、内容以及其他方面，并通过权威文件、权威解读和广泛而深入的宣传教育，为广大官兵所熟知，增强时代性、感召力和教育效果。

（二）思想政治教育的先进理念需要进一步确立

我军思想政治教育尽管有种种特殊性，但它毕竟是一种教育，要确立和强化与当代教育相适应的先进理念，遵循当代教育的规律，这也是增强思想政治教育的时代性和感召力的内在要求和重要路径。我军在长期思想政治教育实践中，孕育了许多先进教育思想的因素，并创建了一系列先进教育理念，但由于种种原因，这些先进的思想因素和教育理念在一些单位和部门以及一些官兵中没有得到很好的继承和发扬。在调研过程中，有的同志认为，当前我军思想政治教育存在的一个问题是教育理念有点"旧"。解决这个问题，主要的是要把这些具有鲜明时代特征的先进教育思想、教育理念梳理出来，进一步确立并强化起来。当前，尤其要确立和强化五种理念：

一是就教育过程而言，要确立并强化"全程教育"理念。现在军队针对不同官兵的特点，在政治和军事的教育训练时间上分别作出了二比八、三比七、四比六的比例划分，一些人据此认为那些规定时间的学习教育是思想政治教育，其他都不是，把思想政治教育看成是一种阶段性教育。要看到,全程教育,是当代教育的重要特征,是有计划的课程教育和无计划的自发教育的有机统一,要改变阶段性教育理念,确立和强化全程教育理念,使思想政治教育成为与官兵相伴相随、持续不断的一种活动。

二是就教育重点而言,要确立并强化"能力教育"理念。在一些单位和部门,存在着把思想政治教育看成是知识教育,把教育重点放在抄写文件精神、准确背诵观点、设计和应对考试的现象。要看到,能力素质在当代社会具有越来越重要的意义,能力教育也越来越成为当代教育的基本理念。要突破知识教育的思想局限,确立并强化能力教育理念,使思想政治教育过程成为提升官兵理论分析能力、政治鉴别能力、道德自控能力以及行动能力等能力素质的过程。

三是就教育对象而言,要确立并强化"主体性教育"理念。现在一些单位和部门在进行思想政治教育时把教育对象放在客体地位,对官兵居高临下、态度生硬、令人反感,这种客体性教育理念与当代教育理念格格不入,是导致教育效果弱化的一个重要原因。要看到,在传统社会,教育者与教育对象之间呈现的是一种主体—客体的结构模式,教育者处于主动和权威地位,教育对象处于被动和服从地位,教育者的基本任务是传授知识、思想和技能。而在现当代社会,教育者与教育对象之间,按照著名哲学家哈贝马斯的说法,是一种主体—主体的结构模式,他们地位平等,互为主体,教育的方式是交流与互动,教育者的职责不仅是传授知识、思想和技能,更重要的是启发和调动教育对象的自主学习。而且还要看到,人们思想的改变,既是外界教育的结果,更是自我学习和思考的结果。在中国传统文化教育中,为什么儒家强调自我反省,道家强调自我体验,佛家强调自我觉悟,这是有深刻道理的。可见,把教育对象作为主体看待,激发他们内在的学习热情和思考能力,这不仅是当代的教育理念,也是一种优秀的教育传统。所以,我们要改变客体性教育理念,确立和强化主体性教育理念，使思想政治教育过程成为广大官兵自我学习、自我思考、自我教育、自我提高的过程。

四是就教育方式而言，要确立并强化"研究式教育"理念。现在一些单位和部门采用本本式教育方式，不联系社会和军队发展实际，也不联系官兵的精神需求特别是思想困惑，照本宣科、呼口号表决心，这是导致教育效果弱化的一个重要原因。比如讲反对"军队国家化"，在很多时候我们只是把它作为一个政治要求提出来，并没有深入研究和回答为什么要如此。现在官兵文化水平都比较高，有的官兵提出，"军队国家化"是我们党在重庆谈判时提出来的，当时我们党提了十一条。其中第八条就是"三化"，一是多党化，二是民主化，三是军队国家化，那是作为一个核心要求提出来的，现在为什么又要反对。不研究和回答这个问题，官兵的思想扣子就解不开，对反对"军队国家化"的政治要求就不会真懂真信。所以要克服本本式的教育理念和方式，确立和强化研究式教育理念，深入研究现实问题特别是官兵的思想困惑，往深里想，往深里说，用真实的历史和事件打动人，用真诚的情感、态度和人格感染人，用学术的力量、真理的力量说服人，使思想政治教育过程成为探索问题、追求真理、传道解惑的过程。

五是就教育目的而言，要确立和强化"培养工具和培养人相统一"的教育理念。在传统社会，思想教育的一个重要理念是"培养工具"，要通过相关教育，把工人培养为生产的工具，把士兵培养为维护阶级统治和保卫国家的工具。这个教育理念既有合理性，同时也存在着严重缺陷。马克思认为，社会要依靠人来发展，在这个意义上，人是工具；但社会发展也是为了人自身，在这个意义上，人又是目的。因此，在马克思主义教育理论中，进行思想教育既是为了培养社会工具，也是为了培养人自身，要把这两者统一起来。这就要求我们，在进行思想政治教育中，既要看到民族和国家发展的需要，着力把广大官兵培养成为听党指挥的武装集团和暴力工具,这是毫无疑义的,同时,又要尊重官兵的主体地位和成长需求,着力推进广大官兵的全面发展。只有把这两个方面统一起来,才能进一步增强思想政治教育的亲和力、吸引力和感召力。

(三) 思想政治教育的类型内容需要进一步整合

改革开放以来,我军根据不同阶段的特点和要求,开展了各种各样的教育活动,如党的路线方针政策教育、党的创新理论教育、当代革命军人核心价值观教育、党史军史教育、革命人生观教育、理想信念教育、战斗精神教育、法制纪律教育等,这些教育为当前思想政治教育提供了丰富的资源与经验,但同时也需要进一步整合。在调研中有的同志反映,部队教育多,一会儿这个教育,一会儿那个教育,教育内容相互交织,有点"乱"。解决这个问题,主要的就是要整合思想政治教育的类型和内容。这种整合不是对已有各种教育类型和内容的简单罗列或排列组合,而是一种新的建构。

第一,根据官兵的思想层次和结构,确立思想政治教育的基本类型及其基本功能,并保持长期稳定性。中国古代知、情、意精神教育类型的划分,西方军队信仰教育、社会教育、心理教育等精神教育类型的划分,延安时期政治教育、军事教育、文化教育等干部教育类型的划分,为我们提供了有益借鉴和参考。据此,我们可以把我军思想政治教育划分为四种基本类型:一是理论教育,其核心任务是帮助官兵确立科学信仰;二是政治教育,其核心任务是帮助官兵确立坚定的政治信念;三是军队教育,其核心任务是帮助官兵了解我军的历史、职能及使命,确立牢固的军魂意识和战斗精神;四是道德法纪教育,其核心任务是帮助官兵确立正确的行为规范。这四种教育是相对稳定的,这种稳定性源于官兵思想层次及其结构的稳定性。

第二,根据四种教育类型的内在要求和民族、国家、军队的时代任务确立教育的基本内容，教育内容依照形势的变化进行选择和取舍。理论教育的内容主要包括马克思主义哲学、政治经济学、科学社会主义、党的创新理论、党史等；政治教育的内容主要包括党的路线方针政策等；军队教育的内容主要包括军史、人民军队性质、宗旨、职能、使命以及核心价值观等；道德法纪教育的内容主要包括军人职业道德、社会公德、家庭美德、个人品德、法纪法规等。

第三，把部队思想政治教育分为士兵与干部两个层次，编写士兵读书和干部读本，分类进行教育。

（四）思想政治教育的形式方法需要进一步改进

我军在长期思想政治教育中创造了许多形式方法，对于提高教育效果起到了不可低估的作用。但同时要看到，在这方面也存在着不少问题。在调研中，有的同志反映，形式方法还比较"单一"，还存在着"假、大、空"的问题。当然，这些不仅仅是现实问题，也是历史问题。张闻天、王稼祥、谭政在许多讲话、文章、报告中，中央军委和总政治部在许多指示、意见中，都深刻解剖批评过这种现象。主观主义的突出表现是"假"，说假话，编造假数据，树立假典型等；教条主义的突出表现是"大"，比如在理论教育中讲书本上的话，讲抽象的话，讲不着边际的话；形式主义的突出表现是"空"，整天开会，没有实在内容，以至于大家都没有兴趣参加等。这些解剖分析是相当深刻的，对于认识当前思想政治教育在形式方法方面存在的问题具有直接的指导意义。解决这些问题，主要的就是要推动形式方法的创新发展。

第一，在运用典型教育、理论教育、大会研讨等各种形式时，坚持把反对"假大空"和"三个主义"即主观主义、教条主义和形式主义作为一条重要原则，并研究制定具体方法。

第二，拓展新的方法手段，特别是高度重视信息技术手段的巨大威力，把互联网、短信、微信等谨慎有序引入军营，充分发挥其作用，这是增强思想政治教育的时代性和感召力的一个重要途径。

第三，以思想传播的四种基本手段即媒体传播（包括报刊等纸质媒体，收音机、广播等音频媒体，电视机等视频媒体，电脑等网络媒体，手机等拇指媒体）、制度传播、行为传播、物化传播为基本框架，整合传统方法，建构起相互衔接、功能互补的方法手段体系，为增强思想政治教育效果提供有力的手段支撑。

六、开创军队政治工作新局面

面对意识形态领域尖锐复杂的斗争特别是"颜色革命"的现实危险，面对艰巨繁重的军事斗争准备任务，面对深化国防和军队改革这场考试，我军政治工作只能加强不能削弱，只能前进不能停滞，只能积极作为不能被动应对。要紧紧围绕我军政治工作的时代主题，加强和改进新形势下我军政治工作，充分发挥政治工作对强军兴军的生命线作用。

（一）提高政治工作信息化、法治化、科学化水平

"不日新者必日退。"新形势下，既要坚持政治工作根本原则和制度，又要积极推进政治工作思维理念、运行模式、指导方式、方法手段创新，提高政治工作信息化、法治化、科学化水平。政治工作过不了网络关就过不了时代关。要顺应互联网发展大势，研究把握信息网络时代政治工作的特点和规律，用好用活网络平台，占领网络舆论阵地，推动政治工作传统优势与信息技术高度融合，增强政治工作的时代感和实效性。随着我军使命任务不断拓展，政治工作服务保证的领域和功能也要相应拓展。适应我国加快军事力量走出去的要求，做好部队在国外执行任务中的政治工作。树立大政工理念，把部队、社会、家庭衔接起来，

把军内军外、网上网下结合起来，形成全方位、宽领域、军民融合的政治工作格局。同时，要增强各级法治观念，依据法规制度指导和开展工作，防止和克服政出多门、工作随意性大等问题。

（二）政治工作要找到穴位、把准脉搏、有的放矢

政治工作是做人的工作，要盯着人做工作，不能见物不见人。脱离了人，政治工作就空对空了。我军官兵成分结构发生了深刻变化，家庭出身、文化程度、经历阅历、个人追求差异性大，部队教育管理、官兵关系呈现许多新特点。要深入细致分析研究官兵思想观念、价值取向、行为方式、精神文化需求，找到穴位、把准脉搏，有的放矢做好工作。掌握思想教育，是团结全党进行伟大政治斗争的中心环节。越是形势复杂、任务艰巨，越要抓住这个中心环节不放。思想政治教育说起来重要、形式上抓起来不难，但要真正取得成效就不容易了，关键是要突出其时代性和感召力。现在的主要问题是，有的教育接地气不够、联系实际不紧，说不到官兵心坎里，激不起思想共鸣，没有找准穴位，打鼓没有打到点子上。思想政治教育的力量在一个"真"字，要用真理说服人、用真情感染人、用真实打动人。要取得实效，就要奔着现实问题和活思想去，往深里想、深里做，不能停留在表面、满足于大路货，不能雁过不留声、雨过地皮湿。

（三）构建适合国情军情、符合时代发展要求的现代军事传播体系

军队宣传工作要坚持面向部队、面向基层、面向官兵，发挥武装人、引导人、塑造人、鼓舞人的作用。坚持以广大官兵为中心，深入基层，眼睛向下，接上地气。推进理念、内容、手段、体制机制等全方位创新，靠脚力、眼力、脑力得来好的内容，运用丰富的新闻语言、形式、方法、技巧创作出精品力作。研究把握现代新闻传播规律和新兴媒体发展规律，强化互联网思维和一

体化发展理念，推动各种媒介资源、生产要素有效整合，推动信息内容、技术应用、平台终端、人才队伍共享融通，努力构建适合国情军情、符合时代发展要求的现代军事传播体系。

（四）大力加强政治机关和政治干部队伍建设

政治机关和政治干部是政治工作的主体力量。要在提高素质、改进作风上下功夫，努力建设对党绝对忠诚、聚焦打仗有力、作风形象良好的政治机关和政治干部队伍。政治干部既会做思想工作又会指挥打仗，这是我军的一个传统。要努力学军事、学指挥、学科技，全面提高综合素质和实际能力，政治工作要成为行家里手，军事工作也要成为行家里手。强化政治意识、阵地意识、大局意识，坚持原则、敢于担当，真抓实干、埋头苦干，确保各项政治工作有效落实。政治工作是群众性工作，广大党员、干部要一起来做，广大官兵积极参与，齐心协力开创我军政治工作新局面。

第六章

确保部队能打仗、打胜仗

军队是为打仗存在的，遏制战争、打赢战争是军队存在的根本意义、根本价值。军事斗争准备是军队的基本实践活动，是维护和平、遏制危机、打赢战争的重要保证。兵可以千日而不用，不可一日而不备。在坚定不移走中国特色强军之路过程中，始终强化随时准备打仗思想，坚持能打仗、打胜仗作为推进军事斗争准备的出发点和落脚点，坚持全部心思向打仗聚焦、各项工作向打仗用劲，扎实有效推进各项备战工作，切实提高我军信息化条件下的威慑和实战能力，确保部队能即来、来之能战、战之必胜。

能打仗、打胜仗，赋予了我军军事能力建设新的标准，对部队履行使命任务提出了更高要求，需要落实到每支部队、每名官兵。这就要求我们，必须牢固树立战斗力这个唯一的根本的标准，强化当兵打仗、带兵打仗、练兵打仗思想，按照打仗的要求抓建设搞准备，不断提高我军实战化水平，始终保持箭在弦上、引而待发的高度戒备态势，确保部队召之即来、来之能战、战之必胜。

一、必须扭住能打仗、打胜仗这个强军之要

军队首先是一个战斗队。能打胜仗是核心，反映军队的根本职能和军队建设的根本指向。必须扭住能打仗、打胜仗这个强军

之要，牢固树立战斗力这个唯一的根本的标准，全部心思向打仗聚焦，各项工作向打仗用劲，坚持不懈拓展和深化军事斗争准备，从实战需要出发从难从严训练，强化一不怕苦、二不怕死的战斗精神，提高信息化条件下的威慑和实战能力，确保部队召之即来、来之能战、战之必胜。

（一）强化随时准备打仗的思想

1941年12月7日凌晨，日本偷袭美国在太平洋的主要海军基地珍珠港。当天正值周末，珍珠港的美军疏于防范，不少人都上岸度假去了，飞行员多数不在机场，高射炮旁边只有少数炮手值勤。在短短一个小时内，日军给美军造成了极大损失。"忘战必危，怠备必亡。"血的教训警示人们，打仗思想不牢、战备观念松懈，必然招致灭顶之灾。

"国不可一日无防，军不可一日无备。"思想上的"马放南山"，有时比现实中的"刀枪入库"更可怕。回顾人类历史，歌舞升平的太平盛世相对短暂，扑面而来的多是刀光剑影，充斥于耳的往往是鼓角争鸣。战争就像人们头上随时可能落下的"达摩克利斯之剑"，它什么时候打响、以什么方式进行，往往难以预测，甚至没有什么规律可循。从纳粹德国突袭苏联，到日本偷袭珍珠港，再到第三次中东战争以色列偷袭埃及等阿拉伯国家得手，无不说明了这一点。敌人很可能是在你最没有想到的时间，以你最没有准备的方式，发起攻击，抢占主动。我们一旦麻痹大意，必然要付出鲜血和生命的代价。作为执干戈以卫社稷的军人，必须牢固树立当兵打仗、练兵打仗、随时准备打仗的思想，做到居安思危，常备不懈，以"时刻准备着"的姿态枕戈待旦、严阵以待。

我军是在战火硝烟中诞生和成长的，一贯具有强烈的战备意识。新中国成立60多年来，"提高警惕、保卫祖国"一直是部队最响亮的战斗口号。但是，在长期相对和平的环境下，一些官兵忧患意识、职能意识和战备观念有所淡化、当和平兵、和平官的思想有所滋长，这是非常危险的。忘危则危将至，忘战则战必败。人民军队的使命，一头连着党和人民的重托，一头连着家国河山。在 2010 年度感动中国人物颁奖晚会上，主持人白岩松问了全军爱军精武标兵何祥美这样一个问题："你练得这么棒，一身高超的本领，可能一生都用不上？"何祥美回答说："我觉得，作为一名军人来说，爱军精武是我们的本职，牢记我们的职责使命，也是我们军人神圣的天职。"当兵就为打仗，军装就是战袍。真正的军人，当时刻紧绷打仗这根弦，肩扛打赢这座山，等待出征这道令。革命军人必须始终保持清醒头脑，始终把准备打仗作为军旅生涯的永恒课题，切实克服"任期内打不了仗，打仗也轮不上我"等思想，做到当兵打仗的根本职能始终不忘，准备打仗的战备之弦始终不松。

和平的愿望，不等于和平的现实。当今世界，铸剑为犁的时代远未到来，我国面临的现实挑战和潜在威胁依然十分严峻。世界上 8 个公开宣称拥有核武器的国家中，有 4 个与我国相邻；南亚、中亚和东北亚地区，热点问题不断。近年来，美国加大在亚太地区的军事活动力度，多次与日本、韩国、菲律宾等国家进行联合军事演习。日本军国主义思想抬头，在钓鱼岛问题上一再对我挑衅，对我国划设东海防空识别区大放厥词，在我国四周到处煽风点火。此外，境内外敌对势力也在加紧勾连聚合，宗教极端势力、民族分裂势力和国际恐怖势力频频制造事端，从拉萨"3·14"事件、乌鲁木齐"7·5"事件到鄯善"6·26"事件、喀什"12·15"事件，分裂分子暴力恐怖倾向明显增长。严峻的现实警示我们，必须充分认识我国安全问题的综合性、复杂性、多变性，始终保持清醒头脑，不断强化忧患意识、危机意识，切实丢掉幻想、加强战备。

随时准备打仗，不是一句简单的口号，必须落实到工作中，体现到行动上，切实把日常战备工作抓紧抓实。1982 年 4 月爆发的英国和阿根廷的马岛之战，以阿根廷的失败而告终。西方军事专家认为，阿根廷失败的一个重要原因是输在了战备上。首先阿军没想到英军会很快组织舰队越洋 13 000 公里前来"复仇"，远未做好全面应战准备。随着战局的发展，阿军的弹药、补给等都出现了严重问题，40％的炸弹引信过期无法爆炸，飞机即使能起飞却没有反舰导弹，先期登岛的部队又缺衣少食，弹药储备不足，最后战败就成了必然。必须看到，相对于机械化战争来说，现代信息化战争更是爆发突然、进程短促、以快打慢，往往"首战即决战、发现即摧毁"，预警时间短甚至没有预警，战争结局取决于日常战备水平。应对信息化战争，赢得作战主动权，加强日常战备显得更加重要、更加现实、更加紧迫。要把日常战备提到战略高度，建立常态化战备体制机制，完善落实日常战备值班制度，定期组织战备检查考核，加强战备基础性建设和针对性演练，真正把思想上的弦绷得紧而又紧、对策上的准备做得细而又细、训练上的力度抓得强而又强，确保党中央、中央军委一声令下，召之即来、来之能战、战之必胜。

（二）能战方能止战

汉字中的"武"字，由"止"和"戈"字组成。"止""戈"为武，蕴含着能战方能止战的深刻道理。"自古知兵非好战"，但能战方能止战。一支支引而不发的利箭，是对觊觎者的强大威慑，是捍卫和平安全的可靠屏障。有效履行我军保卫祖国、保卫人民和平劳动的根本职能，既表现在战时能够打赢战争，也表现在平时具有强大的威慑力量，能够发挥遏制战争的作用。古往今来，有充分准备、有强大军事力量、有打赢能力，才能不战而屈人之兵，达到"以武止戈"的目的。

和平是对军人的最高奖赏。但和平不是上天赐予的，而是枕戈待旦、勇于战斗、善于胜利的军人用生命创造、用忠诚捍卫的。中华民族是一个爱好和平、崇尚和平的民族，历来珍视和平、反对战争，但是，是否发生战争起码有 50% 的决定权不在我们手上，当敌人磨刀霍霍、非要死缠烂打时，我们必须敢于亮剑、以战止战。新中国成立不久，以美国为首的"联合国军"悍然把战火燃烧到鸭绿江边，我国国家安全和人民和平生活面临严重威胁。在这个危急关头，党中央、毛主席高瞻远瞩、审时度势，毅然决然地作出了"抗美援朝，保家卫国"的历史性决策。1950 年 10 月 19 日，中国人民志愿军高举保卫和平、反抗侵略的正义旗帜，雄赳赳、气昂昂跨过鸭绿江，历经两年零九个月的浴血奋战，把侵略军从鸭绿江边赶回到三八线，迫使美军第一次在没有取得胜利的停战协定上签字。抗美援朝战争，打出了国威军威，不仅维护了新中国的安全，而且打出了几十年的和平环境。

世界需要和平，中国的发展需要一个和谐的世界。中国坚持走和平发展道路，不会做称王称霸的事。但树欲静而风不止。一些国家不愿看到社会主义中国的发展壮大，不愿看到我们赶上和超越他们，千方百计对我国发展进行战略牵制和遏制。我国周边安全环境更加复杂，各种可以预料和难以预料的风险挑战明显增多。我们面临的对手比过去更为强大，一旦发生战事，我们如果不敢亮剑，或者无剑可亮，那只有受欺负的份，不但不能制止战争，反而会被战争打垮。我们既要增强敢于亮剑的勇气，更要练就战而胜之的剑法，以决战决胜的信心和实力，赢得战争、制止战争。

二、牢固树立战斗力这个唯一的根本的标准

标准不立，思想不一；思想不一，事业不成。军队能打胜仗，根本的是要有很强的战斗力。把战斗力作为唯一的根本的标准，是有效履行我军根本职能的内在要求，也是提高军队建设质

量效益的客观需要。军队建设各项工作，如果离开战斗力标准，就失去其全部意义和价值。

(一) 我军自创立以来就始终坚持战斗力标准

战争年代，不管作战如何频繁，部队如何疲乏，利用作战间隙搞训练始终是我军的基本做法。红军反"围剿"时期，战斗异常频繁，许多战士常常"昨天入伍今天就要打仗"，各部队坚持边战边学、边战边训，利用短暂的休整时间组织战后检讨会、军事研究会、民主评议会，集思广益认真总结经验教训，力求做到打一仗、进一步。延安时期，面对日本侵略者的疯狂扫荡、国民党顽固派的经济封锁，为解决根据地物质匮乏、生活困难的问题，我军开展大生产运动，但始终把战斗队作为第一位的任务，始终坚持战斗力标准，一边生产一边训练。"文化大革命"期间，全国上下都搞"政治挂帅"，毛泽东明确说，军队不能只搞文不搞武。邓小平强调要把战斗力作为检验军队各项工作的根本标准，大力治理军队"肿、散、骄、奢、惰"等问题。改革开放以来，我军紧紧围绕提高打赢能力，深入推进中国特色军事变革，加快转变战斗力生成模式，现代化水平和履行使命任务能力显著提高，圆满完成了党和人民赋予的各项任务。

如果把部队全部工作比作一个圆，那么，战斗力就是圆点和核心，其他所有工作都必须围绕这个圆心来旋转。新形势下，牢固树立战斗力这个唯一的根本的标准，必须紧紧扭住能打仗、打胜仗这个强军之要，把提高战斗力作为各项建设的出发点和落脚点，把战斗力标准贯彻到部队建设的全过程各领域，真正使战斗力标准这个硬杠杠立起来、落下去。要按照战斗力生成、巩固和提高的内在要求，分门别类、有层次地制定具体指标，使战斗力标准在各领域、各部门、各环节得到充分体现。用战斗力这个指挥棒把各方面工作带起来，坚持按照战斗力标准确立发展思路、实施决策指导、配置力量资源、组织军事训练、选拔任用干部、培树先进典型，切实把战斗力标准在军事、政治、后勤、装备等各项工作中确立起来。用战斗力标准检验评价各项工作和建设，研究构建以强军目标为指向、以战斗力标准为核心的评价体系，无论搞建设还是抓准备，都要用战斗力尺子量一量，形成正确的用人导向、工作导向、评价导向、激励导向。尤其要坚决反对与战斗力标准不相符合的做法，切实克服危不施训、险不练兵、消极保安全等思想，纠正自我设计、自我评判、与中心工作争地位争资源等问题，使各项建设和工作紧紧围绕中心来展开，真正向战斗力聚焦用力。只有这样，才能激发广大官兵建设信息化军队、打赢信息化战争的热情动力，使部队各项建设朝着强军打赢去推动和落实。

（二）牢固树立战斗力这个唯一的根本的标准具有重大意义

战斗力标准具有唯一性、根本性。战斗力水平反映军队建设的质量效益，是衡量能否打胜仗的客观依据，无论过去、现在和将来，战斗力标准始终是军事领域衡量利弊得失的重要标准。讲"唯一"是指独一无二，意味着战斗力标准具有专属性、排他性，没有任何一个标准能与战斗力标准并列，能与战斗力标准同等重要，其他各种各样的标准，都要服从于这个"唯一"标准，都不能背离这个标准。讲"根本"是指战斗力标准具有本源性、基础性，对军队建设发展最为重要，决定着军队职能使命的履行，其他工作标准都是在"战斗力标准"这个根上生长出来的树干、树枝、树叶。强调战斗力是"唯一的根本的标准"，内涵丰富、意蕴深远。

第一，牢固树立战斗力这个唯一的根本的标准，对于强化官兵带兵打仗、指挥打仗的思想，推动全军形成能打仗、打胜仗的正确导向，具有重大而深远的意义。军队首先是一个战斗队，是为打仗而存在的，而且是要能打得赢的。习主席鲜明提出："要牢固树立战斗力这个唯一的根本的标准。"① 这一重要论断，深刻揭示了战斗力标准在军事实践中的基础性和支配性作用。

第二，牢固树立战斗力这个唯一的根本的标准，是有效履行我军根本职能的要求。虽然我军在不同时期担负的具体任务不同，但作为战斗队的根本职能始终没有改变。在国家发生局部战争和武装冲突的时候，军队必须上得去、打得赢，这是军队的第一责任。我军长期处于相对和平时期，一些官兵不同程度地存在当和平兵、做和平官的想法，危机意识淡薄，思想和精神懈怠，甚至产生了仗打不起来、打仗也轮不上我的心态。这种和平麻痹的思想是要不得的！忘战必危。打仗和准备打仗是军人的天职。当兵打仗，就像工人要做工、农民要种田一样。要真正使战斗队意识在官兵头脑中深深扎根，把战斗力标准在全军进一步牢固确立起来，长期坚持下去。

第三，牢固树立战斗力这个唯一的根本的标准，也是提高军队建设质量和效益的要求。我军许多年没打过仗了，将来一旦有战争，能不能做到攻必克，守必固，战无不胜，必须作为军队的头等大事来抓。军事、政治、后勤、装备等各方面工作，最终都要有利于提高部队打仗能力，如果不能落实到这一点上，就失去其根本意义和根本价值，做得再多也是虚功。必须坚持把战斗力标准贯穿到军队建设全过程和各方面，坚持把提高战斗力作为全军各项建设的出发点和落脚点，坚持用是否有利于提高战斗力来衡量和检验各项工作，使全军各项建设和工作向实现建设信息化军队，打赢信息化战争的要求聚焦，向形成基于信息系统的体系作战能力聚焦。

各级党委和领导干部要以强烈的忧患意识和使命担当抓备战，党委要作为第一要务，主官要负起第一责任，机关、部队要

---

① 《牢牢把握党在新形势下的强军目标，努力建设一支听党指挥能打胜仗作风优良的人民军队》，载于《人民日报》2013年3月11日。

形成合力，努力把备战工作提高到新水平。要按照战斗力标准，理清发展思路，实施决策指导，配置力量资源，选拔任用干部，评定工作实绩，形成更加明确的用人导向、工作导向、评价导向、激励导向。要真想打仗的事情，真谋打仗的问题，真抓打仗的准备，进一步解决好影响战斗力生成提高的思想观念、体制观念等方面的突出矛盾和问题，不断提高带领部队打胜仗能力，推动战斗力建设不断取得实质性进展。

（三）提高国防科技创新对战斗力增长的贡献率

科学技术是军事发展中最活跃、最具革命性的因素。国防科技发展事关国家前途命运，事关民族复兴前程。真正的核心关键技术是花钱买不来的，靠进口武器装备是靠不住的，走引进仿制的路子是走不远的。我们要在激烈的国际军事竞争中掌握主动，必须牢牢扭住国防科技自主创新这个战略基点，大力推进科技进步和创新，大幅提高国防科技自主创新能力。

推进国防科技自主创新，要抓住现实矛盾和突出问题。基础研究是整个科学体系的源头，是所有技术问题的总机关，是武器装备发展的原动力。基础研究不厚实，自主创新就是一句空话。要继续抓好这项打基础、利长远的工作，为国防科技和武器装备持续发展增强后劲。把国防科技和武器装备建设的薄弱环节作为推进自主创新的主攻方向，下好先手棋，打好主动仗，加强预先研究和探索，努力在前瞻性、战略性领域有一席之地，防止同世界军事强国形成新的技术鸿沟。国防科技创新目的在于应用，必须为部队建设和军事斗争准备服务，抓紧搞好创新性、突破性成果转化运用，紧贴实战、服务部队，使科技创新同部队建设发展接好轨、对好焦，把创新成果转化为实实在在的战斗力，推动军队现代化建设尽早转入创新驱动发展轨道。探索建立有利于国防科技创新的体制机制，改变习惯于投资驱动的思维定势和做法，改变忙于分配资金和管理项目的固定套路，多从政策法规、科研评价体系等方面想办法，激发创新动力。

要紧跟世界新军事革命特别是军事科技发展方向，努力缩小关键领域差距，形成比较优势。关键是要确定正确的跟进和突破策略。按照主动跟进、精心选择、有所为有所不为的方针，提高技术认知力，加强独创性设计，发展独有的"杀手锏"，确保不被敌实施技术突袭。对西方发达国家宣传炒作的一些所谓的新技术新概念，我们要注意甄别，增强认知力、鉴别力，不能听风就是雨，被人牵着鼻子走，陷入被动局面。

随着科学技术不断发展，多学科专业交叉群集、多领域技术融合集成的特征日益凸显，靠单打独斗很难有大的作为，必须紧紧依靠团队力量集智攻关，要加强自主创新团队建设，搞好科研力量和资源整合，最大限度发挥各方面优势。把军队创新纳入国家创新整体合力。

三、从实战需要出发从难从严训练

兵可以百日无战，决不可一日不练。明朝开国皇帝朱元璋曾说："刃不素持，必致血指；舟不素操，必致倾溺；弓马不素习而欲战者，未有不败者。"军事训练是打胜仗能力生成的基本途径，是做好军事斗争准备的关键性工作。军事训练水平上不去，军事斗争准备就很难落到实处，部队战斗力也很难提高，战时必然吃大亏。我军历来高度重视军事训练，始终把军事训练摆在重要位置来抓。在革命战争年代，坚持利用作战间隙开展军事训练，每次组织战役战斗前都要进行针对性训练，每次作战后都要针对作战中的问题提出改进训练的措施办法。20 世纪 50 年代，党中央、中央军委明确提出，把正规训练作为人民军队现代化建设长期的中心工作；60 年代，在全军掀起了群众性大练兵大比武活动；90 年代，在全军开展科技大练兵活动；21 世纪以来，大力推进机械化条件下军事训练向信息化条件下军事训练转变，有力促进了训练水平的提高和战斗力的提升。新形势下，面对打赢信息化条件下局部战争的严峻考验，必须把军事训练抓得紧而又紧、实而又实，"宜将剑戟多砥砺，不教神州起烽烟"。

（一）着力提高联合作战指挥能力

军队能不能打仗、能不能打胜仗，指挥是一个决定性因素。军委和战区联指机构，要以党在新形势下的强军目标为引领，贯彻新形势下军事战略方针，聚焦研究打仗、指挥作战这个核心职能，进一步解放思想、转变观念、开拓创新、攻坚克难，努力建设绝对忠诚、善谋打仗、指挥高效、敢打必胜的联合作战指挥机构，构建平战一体、常态运行、专司主营、精于高效的战略战役指挥体系。

军委联指中心要把握好职能定位，进一步完善编组、优化程序、明确责任，优化完善运行模式。要加强指挥理论学习、指挥技能培训、指挥处置演练，不断提高实际指挥能力。要强化军事需求牵引，加紧开发利用先进军事技术手段，提高指挥手段的先进性、有效性和自主可控水平。要深入研究信息化战争制胜机理，研究现代作战指挥规律，构建具有我军特色、符合现代战争规律的先进作战理论体系。要抓好战备值班工作，深入研判可能发生的安全风险，有效应对各类突发情况。要以军委联指中心运行实践促进战区联指中心工作，尽快形成联合作战指挥能力。

战区担负着应对战略方向安全威胁、维护和平、遏制战争、打赢战争的使命，对维护国家安全战略和军事战略全局具有举足轻重的作用。要毫不动摇听党指挥，不折不扣听从党中央和中央军委命令指挥。要聚精会神钻研打仗，关注国家安全形势，拓宽战略视野，加紧拟制战区战略，完善作战方案计划，抓好联合训练和指挥训练，积极主动谋取未来战争主动权。要高效指挥联合作战，落实军委赋予的指挥权责，推进指挥能力建设，理顺指挥关系，强化联合指挥、联合行动、联合保障，扎扎实实组织部队完成日常战备和军事行动任务。要随时准备领兵打仗，时刻听从党和人民的召唤，牢固树立战斗队思想，发扬一不怕苦、二不怕死的战斗精神，培养英勇顽强的战斗作风，保障国家主权、安全、发展利益。

（二）把军事训练作为部队建设的"主业"

强军必先强训，必须坚持把军事训练作为部队建设的"主业"、作为经常性的中心工作、作为部队全面建设的推动力来抓，树立大抓军事训练的鲜明导向。加强党委、支部对军事训练的组织领导，认真落实议训制度，深入研究军事训练新情况新特点，着力解决部队训练中遇到的突出矛盾问题，加大对训练的全方位投入和保障。坚持党员干部模范带头，抓好党委、支部"一班人"训练，坚持考部队先考班子、考分队先考干部，以干部骨干的模范行动，带动广大官兵的深研深练。不断完善大抓军事训练的长效机制，加强经常性考核、比武、拉动，坚持以考促训、以比促练、以拉促演，确保训练落实，提高训练质量。大力宣扬训练中的好经验、好做法和涌现出的先进典型，让训练尖子戴大红花、拍光荣照、上光荣榜、进荣誉室，让抓训练的官兵得到重用，让训练好的单位和个人受重奖，营造训练有功、训练光荣、训练吃香的浓厚氛围。

打仗硬碰硬，训练必须实打实。坚持仗怎么打兵就怎么练，打仗需要什么就苦练什么，部队最缺什么就专攻精练什么，不断提高训练的实战化水平。要搞好使命课题训练。坚持走按作战任务组织训练的路子，紧贴作战任务、作战对手设置训练内容，加强恶劣环境、复杂天候和电磁环境下的适应性训练，真正使训练内容与作战任务相一致，条件设置与战场环境相一致，训练标准与作战要求相一致，最大限度地缩小训练与实战的差距，实现"练"与"战"的统一。要加强检验性、对抗性训练。积极开展不同建制单位对抗、红蓝对抗、基地对抗等多种形式的对抗，在激烈的对抗中研练战法、创新战法，以贴近实战的对抗演练，定量定性的检验评估，客观真实的总结讲评，形成真打实备、真抓实练的导向，在近似实战的环境下摔打锻炼部队。要加强首长机关指挥训练和诸军兵种联合训练。以一体化联合作战为背景设计各层次训练，强化各级首长机关实兵指挥训练、战备综合演练、机动训练和综合保障配套训练，全面提高首长机关的谋略水平和指挥能力；强化军兵种联合训练的广度和深度，按照信息主导、体系对抗、联合制胜的要求，走开联战、联训、联保的路子，促进实战化训练成果全面转化为战斗力。

军事训练实际上是未来战争的预演，来不得半点飘浮和虚假。训风演风考风不正，是对官兵生命、对未来战争极大的不负责任，危害甚大。现在，训风考风演风不实的问题，在一些部队不同程度存在。有的训练场上搞形象工程、急功近利、弄虚作假、做表面文章，有的训练演习中存在念稿子、背台词、搞摆练的现象，有的随意降低训练标准和难度强度，该拉的实兵不拉、该带的实装不带、该打的实弹不打。这些问题，平时损害的是部队的作风，战时付出的将是生命。《水浒传》第一回写道："王进说，只是令郎学的都是花棒，只好看，上阵无用。"军队不是表演队，实战化容不得虚假化。训练开虚花，打仗尝苦果。平时搞花拳绣腿，战时必断臂折腿。平时敢拼命，战时才能不丢命。打赢先打假、治训先治虚、求胜先求实。要着力培养求真务实的训练作风，做到真枪实弹、真训实练、真考实评，坚决克服训练中的形式主义和弄虚作假行为。坚持活导活演，多设危局难局，多搞些不打招呼的检查考核，多查找问题，多认识差距，让训练真正严起来、实起来，不让形式主义在训练场上有市场。广大官兵要坚持从自身做起，从现在做起，从能改的问题改起，破除"当和平兵、做和平官"的思想，改正慵懒、松散、懈怠的不良习气，真正集中精力想打赢、谋打赢、练打赢，切实以优良的作风促进军事训练不断上新台阶。

军事训练是部队的经常性中心工作,是提高实战能力的重要途径和抓手,也是最直接的军事斗争准备。打仗硬碰硬,训练必须实打实。军事训练水平上不去,军事斗争准备就很难落实到实处,部队战斗力也很难提高,战时必然吃大亏。必须按照实战化要求严格训练,坚持以作战的方式训练,以训练的方式作战,推进训练与实战一体化,切实把部队实战化水平搞上去。

(三) 紧紧扭住军事能力建设不放松

加强技战术基础训练和联合训练、对抗训练、基地训练,检验性训练,在近似实战的环境下摔打磨砺部队。突出使命课题训练,加大对抗性训练力度,走开基地训练的路子,加大在复杂电磁环境、复杂陌生地域、复杂气象条件下的训练力度,强化专业技术对抗、首长机关对抗和部队实兵战术对抗训练,改变训练条件与实战要求不相适应的状况,不断提高部队复杂困难条件下可靠遂行任务的能力。突出抓好新装备新系统训练,积极开展实兵实装实弹训练,促进军事斗争准备各项工作有效落实。战略战役训练是高层次训练活动,对增强高级指挥官和领率机关筹划指导、组织指挥现代战争的能力具有重要作用,要提高质量、增强实效,特别要把指挥员训练突出出来,加快增强各级指挥员的筹划打仗能力。

始终扭住军事能力建设不放松,统筹安排并抓好非战争军事行动能力建设。无论是提高打赢信息化条件下局部战争能力,还是提高非战争军事行动能力,都必须进行严格艰苦的军事训练。要把非战争军事行动能力建设纳入部队现代化建设和军事斗争准备全局中筹划和实施,修订完善各类应急方案预案,抓好应急指挥机制、应急力量建设、专业人才培养、装备保障以及健全相关政策法规等方面的工作。

四、加快构建适应信息化战争和履行使命要求的现代后勤和武器装备体系

信息化战争对后勤保障的依赖性更强，打仗在某种意义上讲就是比武器装备、打保障能力。坚定不移地走中国特色强军之路，必须跟上世界新军事革命的步伐，加快构建适应信息化战争和履行使命要求的现代后勤和武器装备体系。

（一）全面建设现代后勤

打仗在某种意义上讲就是打保障。信息化战争对后勤保障的依赖性更强，联勤保障是大方向，要坚定不移地走下去。新形势下，要围绕实现全面建设现代后勤总体目标，科学实施后勤建设重大工程，努力建设保障打赢现代化战争的后勤。必须统筹推进现代化后勤"三大建设任务"，调整完善后勤布局，加大应急保障力量建设力度，加强战略投送能力建设，不断提高后勤综合保障能力。

建设保障打赢现代化战争的后勤。把保障打赢作为后勤建设根本依据，按照仗怎么打后勤就怎么建的思路，认真审视后勤准备与作战需求的差距，加强军事斗争后勤准备顶层设计，突出主要方向和任务部队，优先保障武器装备发展、战场设施建设、战备物资储备、信息化建设、部队训练演练等事关打赢的领域和项目，抓紧实施海上方向急需的后勤建设项目，为保障打赢奠定坚实的物质技术基础。

建设服务部队现代化建设的后勤。坚持面向部队、面向基层、面向现代化的服务方向，统筹安排军费资源投向投量，切实把有限资源用于解决作战急需、部队急切的问题，集中财力办大事、办难事、去保障打赢的事。健全管经费、管物质、管采购、

管工程等方面的制度，提高军事经济效益。完善标准制度，规范服务行为，确保服务质量，坚持按标准供应，依照制度管理，努力提高后勤保障水平。

建设向信息化转型的后勤。向信息化后勤转型，是后勤现代化的战略任务，是保障军队打胜仗的主动选择。必须强化信息主导理念，按照需求实施感知、资源可视掌控、配送精确定位、行动全程调控的目标和要求，以骨干工程为抓手，以统建统管、融合集成为途径，以先进技术为驱动，全面提高后勤信息化建设水平。

好钢要用在刀刃上。珍惜宝贵的军费资源，把军费管好用好，使国防投入发挥最大效益。浪费和糟蹋军费，是对党和人民极大的犯罪。按照节约每一个铜板的精神，加强经费使用管理，严格执行预算，严格监督管理，严格全过程管控，做到事中要监督，事后对使用效果充分评估，还要有责任追究制度，努力做到不该花的钱一分钱也拿不到、花不了。在经费使用管理上，要有一整套健全的机制，哪些钱能花，哪些钱不能花，钱花在什么地方，钱是谁花的，都必须按章法办，确保有限的经费用在该用的地方。

（二）把武器装备建设放在国防和军队现代化建设优先发展战略位置来抓

武器装备是军队现代化的重要标志，是军事斗争准备的重要基础，是国家安全和民族复兴的重要支撑，是国际战略博弈的重要砝码。以"两弹一星"为代表的尖端武器装备，是我国站起来、自立于世界民族之林的重要标志和重要支撑。当前和今后一个时期是我军武器装备建设的战略机遇期，也是实现跨越式发展的关键时期，面对国家安全需求的新变化，我们既要敢于亮剑，也要重视铸剑，把武器装备建设放在国防和军队现代化建设优先发展战略位置来抓，切实搞得更好一些、更快一些，为实现中国梦强军梦提供强大物质技术支撑。在武器装备建设战略指导上，要坚持作战需求的根本牵引，坚持体系建设思想，坚持创新驱动发展，坚持质量至上，坚持实战化运用，坚持军民融合制度发展，坚持人才队伍建设优先。

设计装备就是设计未来战争。武器装备建设必须坚持面向未来，面向战场，面向部队，发挥好作战需求的主导作用，把作战需求贯彻到武器装备研制全过程，确保研发和生产的武器装备适应能打仗、打胜仗的要求。建立健全具有我军特色的作战需求生成机制，针对各个方向作战任务、作战对手、作战环境，根据未来可能打什么仗、怎样打仗、跟谁打仗来考虑和安排武器装备的体系、规模、结构，避免决策的随意性和发展的盲目性。在考虑作战需求的同时，考虑技术实现的可能和未来发展趋势，把作战需求牵引和技术推动有机结合起来。论证武器装备发展，要综合考虑作战需求和技术风险、经济风险、进度风险等各方面因素，增强装备建设发展的科学性、针对性、前瞻性。

每一型武器装备要不要发展、发展多少，都要以对作战的贡献率为评价标准，纳入武器装备体系大盘子考虑。统筹各军兵种武器装备发展、统筹进攻型武器装备和防御型武器装备发展，统筹主战装备、信息系统、保障装备发展，加强标准化、系列化、通用化建设，不断完善和优化武器装备体系结构。加强武器装备体系建设，必须坚持重点突破，在填补体系空白、补齐短板弱项上下功夫。坚持用网络信息体系的理念来理解作战体系、塑造装备体系、既要强化统一筹划和顶层设计，又要把能做的、必做的尽快干起来。

要把质量问题摆在关系官兵生命、关系战争胜负的高度来认识，贯彻质量就是生命、质量就是胜算的理念，把质量要求贯彻到武器装备全寿命管理各个环节。武器装备出了质量问题是要付出血的代价的，是要打败仗的。武器装备质量建设有其自身规律，研制过程中关键技术不见底、试验验证不到位、问题暴露不充分，质量必然难以保证。宁可交得慢一点、少一点，也要确保质量合格。绝不能把问题交给部队、带上战场。健全责任体系、建立质量责任终身追究制度，确保责任落实到个人，确保出了问题能够追究到人。着力构建先进实用的试验鉴定体系，摸清武器装备性能底数，确保武器装备实战适用性。

武器装备只有经常在贴近实战环境中使用，才知道到底好不好用、管不管用。这是武器装备发展链条的一个重要环节。要转变部队武器装备保障理念，不能仅看完好率，更要看任务完成率。各级指挥员要带头学装、知装、用装，教育引导官兵大胆操作和使用武器装备，从难从严运用，在复杂战场环境和高强度对抗条件下摔打武器装备，真正让武器装备活起来、动起来。要加强武器装备体系化、常态化运用，在体系运用中检验性能、发掘潜能。加强统筹协调，抓好战场设施、编制调整、人才培养、试验鉴定、维修保障等各项建设和工作，推动新装备成建制成系统形成作战能力和保障能力。要把研制工作同实战化运用对接起来，及时发现和解决运用中暴露出的问题，提高新装备研制起点，实现研制和运用有机统一。

五、为打赢未来战争提供坚强人才保证

强军之道，要在得人。要牢固树立人才资源是第一资源的理念，努力培养造就能够担当强军重任的优秀人才。搞现代化建设、抓军事斗争准备，固然有经费和装备上的问题，但最核心的问题是人才。没有钱国家可以逐步增加投入，没有装备可以抓紧研制，但有了钱和装备、没有人才也不行。军队打现代化战争能力不够、各级干部指挥现代化战争能力不够，说到底是人才队伍能力素质不够。要按照能打仗、打胜仗的要求，大力实施人才战略工程，走开军队院校教育、部队训练实践、军事职业教育三位

一体的人才培养路子，努力推动人才队伍建设整体水平有一个大的跃升。

（一）把联合作战指挥人才和参谋人才、新型作战力量人才培养作为重中之重

把联合作战指挥人才和参谋人才、新型作战力量人才培养作为重中之重，是适应战争形态和作战样式深刻变化的必然要求。我军真正懂打仗、会指挥特别是精通联合作战的人才还比较匮乏，这是制约我军能打仗、打胜仗的一个突出短板。要面向战场、面向部队、面向未来，深入研究把握联合作战指挥人才培养规律，更新教育理念，优化教学内容，改进教学模式，完善教学保障，提高人才培养质量。培养联合作战指挥人才是一项复杂系统工程，需要全军共同努力。军委要加强统筹协调，机关、部队、院校要各负其责，尽快把各级指挥员和参谋人员指挥能力搞上去。随着军事斗争和现代化建设深入推进，对人才队伍需求越来越紧迫，高素质新型军事人才不足、人才适应关键岗位的核心能力不足等矛盾越来越突出。必须把培养部队急需人才作为战略问题来抓，投入更大精力，集中更多资源，采取超常措施，创新培养模式，切实解决好联合作战指挥人才、新型作战力量人才匮乏的问题。

（二）健全三位一体的新型军事人才培养体系

实现强军目标，建设世界一流军队，我军院校建设必须有一个大的加强。坚持院校优先发展战略，全面贯彻党的教育方针，深入研究现代军事教育特点和规律，坚持走以提高质量为核心的内涵式发展道路，不断推进教学科研管理创新，不断提高办学育人水平。要抓好党的理论教育和党性教育，引导学员加强自我改造，使他们在校学习的过程成为思想提纯、灵魂回炉的过程。钱学森同志晚年多次提出，我们的教育要经常思考怎样培养人

才。解决好这个问题，涉及办学思路、教育体制、教学模式等诸多方面，要加强研究探索，积极寻求破解之道，努力走出一条有利于高端军事人才成长的新路子。师资队伍建设直接决定人才培养质量。对军队院校而言，名师必晓于实战。要加大院校教员同部队、机关干部交流力度，加深教员对部队战略策略、作战指挥、作战装备、作战能力等整个军事斗争准备的了解，全面提高师资队伍整体素质，多出一些懂打仗的名师，带出一批会打仗的高徒。

（三）部队训练实践是官兵成长成才的基本平台

优秀人才必须在实际工作中磨砺检验，在敢于担当中历练成长，只有不断经历一些难事、急事、大事、复杂的事，才能真正有所收获、有所提高。艰难困苦，玉汝于成。越是条件艰苦、环境复杂，越能锻炼干部、培养人才。要把优秀人才放在关键岗位上，经常经受复杂严峻考验，使他们在部队建设和军事斗争准备中练本领、长才干，在完成急难险重任务中经风雨、受历练。

（四）要把军事教育作为提升军事人才的重要途径

军事职业教育是院校教育、部队训练的拓展补充，是素质教育在军事领域的重要实现方式。现在军事领域的变革非常快，战争形态、作战样式、指挥方式、武器装备都发生了很大变化，甚至是质的变化，不懂、不熟悉、不适应的东西确实很多。要把军事教育作为提升军事人才职业特质、专业品质、创新素质的重要途径，有计划地开展全员学习、终身学习活动，注重完善学习机制，浓厚学习空气，提高学习效果，切实打牢履职尽责的知识、能力基础。

第七章

全面实施改革强军战略

改革是决定当代中国命运的关键一招,是决定我军发展壮大、制胜未来的关键一招,也是走中国特色强军之路的题中应有之义。党的十八届三中全会对深化国防和军队改革作出部署,单独作为一个部分纳入全面深化改革的总盘子,上升为党的意志和国家行为。

一、党中央、中央军委对深化国防和军队改革作出部署

对深化国防和军队改革,广大干部群众高度关注、积极支持,全军官兵热烈期盼、坚决拥护。深化国防和军队改革主客观条件比较有利,面临难得的机遇。

(一)习主席发出全面实施改革强军战略,坚定不移走中国特色强军之路的伟大号令[①]

2015年11月24日,中央军委召开改革工作会议,习主席发

[①] 《全面实施改革强军战略,坚定不移走中国特色强军之路》,载于《人民日报》2015年11月27日。

出全面实施改革强军战略，坚定不移走中国特色强军之路的伟大号令，开启了我军历史上一场整体性、革命性变革。

习主席强调，深化国防和军队改革是实现中国梦、强军梦的时代要求，是强军兴军的必由之路，也是决定军队未来的关键一招。要深入贯彻党在新形势下的强军目标，动员全军和各方面力量，坚定信心、凝聚意志，统一思想、统一行动，全面实施改革强军战略，坚定不移走中国特色强军之路。

习主席指出，人民军队发展史，就是一部改革创新史。在党的领导下，我军从小到大、从弱到强、从胜利走向胜利，一路走来，改革创新步伐从来没有停止过。我军之所以始终充满蓬勃朝气，同我军与时俱进不断推进自身改革是紧密联系在一起的。现在，我国进入由大向强发展的关键阶段，国防和军队建设处在新的历史起点上，放眼世界，纵观全局，审时度势，应对国际形势深刻复杂变化，坚持和发展中国特色社会主义，协调推进"四个全面"战略布局，贯彻落实强军目标和军事战略方针，履行好军队使命任务，都要求我们必须以更大的智慧和勇气深化国防和军队改革。

习主席强调，要正确认识和全面把握深化国防和军队改革的总体要求。深化国防和军队改革的指导思想是，深入贯彻党的十八大和十八届三中、四中、五中全会精神，以马克思列宁主义、毛泽东思想、邓小平理论、"三个代表"重要思想、科学发展观为指导，按照"四个全面"战略布局要求，以党在新形势下的强军目标为引领，贯彻新形势下军事战略方针，全面实施改革强军战略，着力解决制约国防和军队建设的体制性障碍、结构性矛盾、政策性问题，推进军队组织形态现代化，进一步解放和发展战斗力，进一步解放和增强军队活力，建设同我国国际地位相称、同国家安全和发展利益相适应的巩固国防和强大军队，为实现"两个一百年"奋斗目标、实现中华民族伟大复兴的中国梦提供坚强力量保证。

习主席指出，把握深化国防和军队改革的指导思想，关键是要抓住党在新形势下的强军目标这个"牛鼻子"，坚持用强军目标审视、引领、推进改革。党的十八大以来，围绕实现强军目标，中央军委统筹军队革命化、现代化、正规化建设，统筹军事力量建设和运用，统筹经济建设和国防建设，制定新形势下军事战略方针，提出一系列重大方针原则，作出一系列重大决策部署。要通过改革把这些重大战略谋划和战略设计落实好，为贯彻强军目标提供强大动力和体制保障。

习主席强调，要着眼于贯彻新形势下政治建军的要求，推进领导掌握部队和高效指挥部队有机统一，形成军委管总、战区主战、军种主建的格局。坚持坚定正确的政治方向，通过一系列体制设计和制度安排，把党对军队绝对领导的根本原则和制度进一步固化下来并加以完善，强化军委集中统一领导，更好使军队最高领导权和指挥权集中于党中央、中央军委。对领导管理体制和联合作战指挥体制进行一体设计，通过调整军委总部体制、实行军委多部门制，组建陆军领导机构、健全军兵种领导管理体制，重新调整划设战区、组建战区联合作战指挥机构，健全军委联合作战指挥机构等重大举措，着力构建军委—战区—部队的作战指挥体系和军委—军种—部队的领导管理体系。

习主席强调，要着眼于深入推进依法治军、从严治军，抓住治权这个关键，构建严密的权力运行制约和监督体系。按照决策、执行、监督既相互制约又相互协调的原则区分和配置权力，重点解决军队纪检、巡视、审计、司法监督独立性和权威性不够的问题，以编密扎紧制度的"笼子"，努力铲除腐败现象滋生蔓延的土壤。组建新的军委纪委，向军委机关部门和战区分别派驻纪检组，推动纪委双重领导体制落到实处。调整组建军委审计署，全部实行派驻审计。组建新的军委政法委，调整军事司法体制，按区域设置军事法院、军事检察院，确保它们依法独立公正行使职权。

习主席强调,要着眼于打造精锐作战力量,优化规模结构和部队编成,推动我军由数量规模型向质量效能型转变。坚持精简高效的原则,裁减军队员额30万,精简机关和非战斗机构人员,使军队更加精干高效。调整改善军种比例,优化军种力量结构,根据不同方向安全需求和作战任务改革部队编成,推动部队编成向充实、合成、多能、灵活方向发展。推进以效能为核心的军事管理革命,树立现代管理理念,完善管理体系,优化管理流程,不断提高军队专业化、精细化、科学化管理水平。

习主席强调,要着眼于抢占未来军事竞争战略制高点,充分发挥创新驱动发展作用,培育战斗力新的增长点。国防科技发展是具有基础性、引领性的战略工程。必须选准突破口,超前布局,加强前瞻性、先导性、探索性的重大技术研究和新概念研究,积极谋取军事技术竞争优势,提高创新对战斗力增长的贡献率。

习主席强调,要着眼于开发管理用好军事人力资源,推动人才发展体制改革和政策创新,形成人才辈出、人尽其才的生动局面。坚持党管干部、党管人才,完善人力资源分类,整合人力资源管理职能,加强军事人力资源集中统一管理,努力使军事人力资源能够转化为实实在在的战斗力。深化军队院校改革,健全三位一体的新型军事人才培养体系。推进军官、士兵、文职人员等制度改革,深化军人医疗、保险、住房保障、工资福利等制度改革,完善军事人力资源政策制度和后勤政策制度,建立体现军事职业特点、增强军人职业荣誉感自豪感的政策制度体系,以更好凝聚军心、稳定部队、鼓舞士气。

习主席强调,要着眼于贯彻军民融合发展战略,推进跨军地重大改革任务,推动经济建设和国防建设融合发展。着力解决制约军民融合发展的体制机制问题,努力构建统一领导、军地协调、顺畅高效的组织管理体系,国家主导、需求牵引、市场运作相统一的工作运行体系,系统完备、衔接配套、有效激励的政策制度体系，形成全要素、多领域、高效益的军民融合深度发展格局。完善民兵预备役、国防动员体制机制。在国家层面加强对退役军人管理保障工作的组织领导，健全服务保障体系和相关政策制度。下决心全面停止军队有偿服务。

习主席强调，深化国防和军队改革是一场整体性、革命性变革。根据改革总体方案确定的时间表，2020年前要在领导管理体制、联合作战指挥体制改革上取得突破性进展，在优化规模结构、完善政策制度、推动军民融合发展等方面改革上取得重要成果，努力构建能够打赢信息化战争、有效履行使命任务的中国特色现代军事力量体系，完善中国特色社会主义军事制度。全军要以高度的历史自觉和强烈的使命担当，以踏石留印、抓铁有痕的精神，坚决打赢改革这场攻坚战，努力交出让党和人民满意的答卷。

习主席指出，要着力统一思想认识，把思想政治工作贯穿改革全过程，引导各级强化政治意识、大局意识、号令意识，引导官兵积极拥护、支持、参与改革。高层领率机关和高级干部要带头讲政治、顾大局、守纪律、促改革、尽职责，坚决维护党中央、中央军委改革决策部署的权威性和严肃性。要着力加强组织领导，各级党委要把抓改革举措落地作为政治责任，党委主要领导要当好第一责任人，一级抓一级。军队党的建设各项工作要围绕改革来定任务、强措施，保证改革顺利进行。要着力搞好配套保障，坚持立法同改革相衔接，抓紧做好法规制度立改废释工作，确保改革在法治轨道上推进，保证各级按照新体制正常有序运转。要科学制定干部调整安排计划方案，合理确定干部进退去留，关心和解决干部实际困难。老干部是党和军队的宝贵财富，要精心做好老干部服务保障接续工作。

习主席强调，当前，军委要把工作指导重心放在改革上，各级要把工作主线放在改革上，各项工作都要围绕改革来谋划、部署、推进。要继续抓紧抓好贯彻全军政治工作会议精神、作风建设和反腐败斗争、各项清理清查后续工作,把"三严三实"专题教育整顿同深化改革紧密结合起来。要加强部队管理,保持部队安全稳定和集中统一。要把握好国家经济社会发展对国防和军队建设的新要求,抓紧制定军队建设发展"十三五"规划。

习主席强调,中央国家机关、地方各级党委和政府要强化大局观念,把支持深化国防和军队改革当作分内的事,拿出一些特殊措施和倾斜政策,主动帮助解决好退役军人、职工安置工作,党政军民齐心协力,共同落实深化国防和军队改革各项任务,推动全面实施改革强军战略不断取得新的进展,为实现中国梦、强军梦作出新的更大的贡献。

中共中央政治局委员、中央军委副主席、中央军委深化国防和军队改革领导小组副组长范长龙,就贯彻习主席重要讲话精神,落实阶段性改革任务提出要求。中共中央政治局委员、中央军委副主席、中央军委深化国防和军队改革领导小组常务副组长许其亮,就深化国防和军队改革总体方案作说明,并部署领导指挥体制改革任务。

(二) 中央军委对实施国防和军队改革作出战略部署

经中央军委主席习近平批准,中央军委印发了《关于深化国防和军队改革的意见》(以下简称《意见》)。2016年1月1日《解放军报》全文刊登了《意见》。

《意见》强调,党的十八大以来,党中央、中央军委和习主席围绕实现强军目标,统筹军队革命化、现代化、正规化建设,统筹军事力量建设和运用,统筹经济建设和国防建设,制定新形势下军事战略方针,提出一系列重大方针原则,作出一系列重大决策部署。贯彻落实党中央、中央军委和习主席的重大战略谋划和战略设计,必须深化国防和军队改革,全面实施改革强军战略,坚定不移走中国特色强军之路。

《意见》指出,深化国防和军队改革的指导思想是,深入贯彻党的十八大和十八届三中、四中、五中全会精神，以马克思列宁主义、毛泽东思想、邓小平理论、"三个代表"重要思想、科学发展观为指导，深入贯彻习主席系列重要讲话精神特别是国防和军队建设重要论述，按照"四个全面"战略布局要求，以党在新形势下的强军目标为引领，贯彻新形势下军事战略方针，全面实施改革强军战略，着力解决制约国防和军队发展的体制性障碍、结构性矛盾、政策性问题，推进军队组织形态现代化，进一步解放和发展战斗力，进一步解放和增强军队活力，建设同我国国际地位相称、同国家安全和发展利益相适应的巩固国防和强大军队，为实现"两个一百年"奋斗目标、实现中华民族伟大复兴的中国梦提供坚强力量保证。

《意见》强调，深化国防和军队改革要坚持以下基本原则：坚持正确政治方向，坚持向打仗聚焦，坚持创新驱动，坚持体系设计，坚持法治思维，坚持积极稳妥。

《意见》指出，深化国防和军队改革总体目标是，牢牢把握"军委管总、战区主战、军种主建"的原则，以领导管理体制、联合作战指挥体制改革为重点，协调推进规模结构、政策制度和军民融合深度发展改革。2020年前，在领导管理体制、联合作战指挥体制改革上取得突破性进展，在优化规模结构、完善政策制度、推动军民融合深度发展等方面改革上取得重要成果，努力构建能够打赢信息化战争、有效履行使命任务的中国特色现代军事力量体系，进一步完善中国特色社会主义军事制度。

《意见》明确了领导管理体制、联合作战指挥体制、军队规模结构、部队编成、新型军事人才培养、政策制度、军民融合发展、武装警察部队指挥管理体制和力量结构、军事法治体系等方面的主要任务。

《意见》强调，深化国防和军队改革是一场整体性、革命性变革，必须始终在党中央、中央军委和习主席的统一领导下，深入贯彻中央军委改革工作会议精神，坚持把加强教育、统一思想贯穿始终，把强化责任、落细落实贯穿始终，把依法推进、稳扎稳打贯穿始终，把底线思维、管控风险贯穿始终，以坚强有力的组织领导保证各项改革任务圆满完成。

（三）深入学习贯彻习主席全面实施改革强军战略思想①

党的十八大以来，习主席站在时代和战略的高度，对深化国防和军队改革作出一系列重要论述，形成了改革强军战略思想。这一重大战略思想，深刻阐明了改革强军带根本性、方向性、全局性的重大问题，为全面实施改革强军战略、坚定不移走中国特色强军之路，指明了前进方向，提供了根本遵循。

1. 关于改革的时代依据。

习主席把改革放在时代发展大势中来把握，突出强调：一是世界面临前所未有之大变局。二是世界新军事革命浪潮风起云涌。三是"四个全面"战略布局迫切要求深化国防和军队改革。四是深化国防和军队改革面临难得的机会窗口。

习主席这些重要论述，从世情、国情、军情三个维度，从挑战、机遇、作为三个层面，全方位揭示了深化国防和军队改革面临的"势"与"局"、"机"与"为"，蕴含了宏大的战略视野、深邃的战略考量、强烈的战略忧患、坚毅的战略雄心，激励我们在改革强军上大警醒、大奋起、大作为。

2. 关于改革的性质定位。

习主席对深化国防和军队改革的主要特性从五个方面作了定位：一是新的伟大斗争重要方面。我们正在进行具有许多新的历史特点的伟大斗争，深化国防和军队改革就是这场斗争的重要方面。二是中国特色社会主义军事制度自我完善和发展。三是决定我军发展壮大、制胜未来的关键一招。四是一场整体性、革命性

---

① 《全面实施改革强军战略，坚定不移走中国特色强军之路》，载于《人民日报》2015年11月27日。

变革。这场变革推进力度之大、触及利益之深、影响范围之广前所未有。五是回避不了的一场大考,军队务必交出一份合格答卷。

习主席这些重要论述,从政治属性、价值追求、深度力度、风险程度等方面,揭示了深化国防和军队改革的根本性质、根本方向、基本特征,点明了改革的艰巨性、深刻性、复杂性、挑战性,是我们读懂悟透改革这盘大棋的"棋眼"。

3. 关于改革的总体指导。

习主席特别重视从全局高度筹划改革,把党的意志和国家行为用总体指导来予以明确。一是紧紧抓住强军目标这个"牛鼻子",坚持用强军目标审视、引领和推进改革。二是始终坚持"四个牢牢把握"的指导原则,即牢牢把握坚持改革正确方向这个根本,牢牢把握能打仗、打胜仗这个聚焦点,牢牢把握军队组织形态现代化这个指向,牢牢把握积极稳妥这个总要求。三是深刻理解把握"军委管总、战区主战、军种主建"这一领导指挥体制改革的总原则。

习主席这些重要论述,抓住了统领改革全局之纲,把住了谋划推进改革全局之舵。强军目标规定着国防和军队改革的战略追求,指明了改革的首要原则、主攻方向和治军取向,是贯穿改革强军战略思想的灵魂和主线,也是贯穿改革全部实践的灵魂和主线。"四个牢牢把握"是强军目标在改革指导原则上的根本要求和集中体现,规定了改革往哪里走、怎么走的根本性问题,是谋划推进改革的总轨道。"军委管总、战区主战、军种主建"的总原则,是这轮改革最具革命性、创造性,也最具根基性、要害性的东西,是这轮改革的最大亮点。

4. 关于改革的目标任务。

习主席就此明确了三点要求:一是改革的目标指向。就是构建能够打赢信息化战争、有效履行使命任务的中国特色现代军事力量体系,使中国特色社会主义军事制度更加成熟、更加定型,为实现强军目标、建设世界一流军队打下更为扎实的前进基础。二是改革的时间节点。这轮改革总的时间节点是2020年前。据此，还明确了进程上三个大的时间节点，即2015年、2016年、2017~2020年各自的目标任务。三是改革的成果标志。就是在领导管理体制、联合作战指挥体制改革上取得突破性进展，在优化规模结构和力量编成、完善政策制度、推动军民融合发展等方面改革上取得重要成果。

习主席这些重要论述，明确了改革的目标要求和路线图、时间表，体现了高远谋划与扎实推进的统一、雄心壮志与务实作风的统一，既有很强的科学性、指向性，又有很强的实践性、进取性，明确了我军未来的样子，将为今后二十年、三十年国防和军队建设打下坚实基础。

5. 关于改革的突破重点。

习主席强调，深化国防和军队改革必须以重点突破带动整体推进，并确定了改革的主要着力点。一是着力破解体制性障碍。领导指挥体制改革，解决的是"脖子"以上的问题，必须重点关注、重点突破，而联合作战指挥体制又是重中之重。二是着力破解结构性矛盾。尤其要解决军兵种比例、官兵比例、部队和机关比例不够合理，非战斗机构和人员偏多、作战部队不充实等问题，重点是加强新型作战力量建设。三是着力破解政策性问题。要适应军队职能任务需求和国家政策制度创新，加大政策制度改革力度。

习主席这些重要论述，说到底就是强调问题倒逼改革、强化问题导向，昭示我们要把改革的切入点、聚焦点、着力点放在解决重难点问题上，既"化瘀"又"壮骨"，既"瘦身"又"强体"，防止避重就轻、避实就虚、避难就易，以敢啃硬骨头来实现改革的历史性突破。

6. 关于改革的战略举措。

习主席强调了"六个着眼于"。一是着眼于贯彻新形势下政治建军的要求，推进领导掌握部队和高效指挥部队有机统一，形成军委管总、战区主战、军种主建的格局。二是着眼于深入推进依法治军、从严治军，抓住治权这个关键，构建严密的权力运行制约和监督体系。三是着眼于打造精锐作战力量，优化规模结构和部队编成，推动我军由数量规模型向质量效能型转变。四是着眼于抢占未来军事竞争战略制高点，充分发挥创新驱动发展作用，培育战斗力新的增长点。五是着眼于开发管理用好军事人力资源，推动人才发展体制改革和政策创新，形成人才辈出、人尽其才的生动局面。六是着眼于贯彻军民融合发展战略，推进跨军地重大改革任务，推动经济建设和国防建设融合发展。习主席还强调，下决心全面停止军队开展对外有偿服务。

习主席这些重要论述，阐明了深化国防和军队改革的主体性内容，体现了科学的改革设计理念。把"六个着眼于"的战略举措落到实处，就能从体制制度上全方位形成我们的政治建军优势、联合制胜优势、依法治军优势、创新驱动优势、人才强军优势、融合发展优势，从而形成抢占世界军事竞争战略制高点的整体优势。

7. 关于改革的科学方法。

习主席改革强军战略思想，贯穿着马克思主义的科学思维方式和思想方法。一是坚持贯彻体系配套思想。强调深化国防和军队改革是复杂的系统工程，必须增强改革的系统性、整体性、协同性。二是坚持两点论和重点论统一。强调抓住主要矛盾和矛盾的主要方面，注重在落一子而全盘活的改革上用力。三是坚持底线思维。强调要增强风险防控意识和能力，尤其要防止出现颠覆性错误。四是坚持发挥法治保障作用。强调改革和法治如鸟之双翼、车之两轮，必须发挥法治的引导、推动、规范、保障作用。五是坚持正确处理改革、发展、稳定的关系。强调胆子要大、步子要稳，掌握好改革节奏，控制好改革风险，不断积小胜为大胜。

习主席这些重要论述，蕴含着科学的系统思维和超凡的谋略智慧，是驾驭改革全局、破解改革难题、防控改革风险、确保改革顺利推进的锐利武器。

8. 关于新体制下的职能使命。

习主席围绕适应新体制、履行新职能、担当新使命，明确了军委机关、战区、军兵种、武警部队和院校等职能定位和使命任务。强调军委机关要以主要精力履行战略谋划和宏观管理职能，建设铁一般信仰、铁一般信念、铁一般纪律、铁一般担当的军委机关，切实成为军委的参谋机关、执行机关、服务机关。强调战区要以主要精力研究打仗、指挥作战，担负好应对本战略方向安全威胁、维护和平、遏制战争、打赢战争的使命。强调陆军、海军、空军、火箭军和战略支援部队，都要以主要精力抓好部队建设管理，全面提高部队有效履行职责使命的能力水平。

习主席这些重要论述，科学回答了新体制下各部门和各单位的地位作用怎么看、战略转型怎么转、履行职能怎么干、立起什么标准和样子等重大问题。

9. 关于改革的组织实施。

习主席围绕改革组织实施提出了一系列要求。一是强调四个"统一"。要搞好总体设计、统筹协调、整体推进、督导落实，确保各项改革工作统一谋划、统一部署、统一推进、统一实施。二是强调四个"着力"。着力统一思想认识，着力加强组织领导，着力搞好配套保障，着力统筹其他各项工作。三是强调抓住"工作指导重心和工作主线"。当前，军委要把工作指导重心放在改革上，各级要把工作主线放在改革上，统筹考虑安排，各项工作都要围绕改革来谋划、部署、推进。

习主席这些重要论述，知关节、拎要领、讲艺术、重落实，对改革组织实施的各个主体、各个方面提出了明确具体要求。基本思路是坚决贯彻党中央、中央军委和习主席决策意图，以改革为全军工作主线，以各级党委为坚强核心，以立起新框架、搞好新旧体制衔接为指导重心,以有力的战备和管理举措为前提保障,以干部调配为关键因素,以严肃执纪为有力保证。

习主席改革强军战略思想的这些重要论述,是一个科学的思想体系,都是围绕实现强军目标这个核心思想展开的,明确改革走的是中国特色强军之路,目标指向是构建中国特色现代军事力量体系、建设世界一流军队,本质属性是中国特色社会主义军事制度的自我完善和发展,基本特征是自上而下、由内而外的革命性变革。紧扣这个核心思想,把握这个目标指向,学习才能登高望远、得其精义、悟其根本、看齐运用。

二、决定军队未来的关键一招

深化国防和军队改革是实现中国梦、强军梦的时代要求,是强军兴军的必由之路,也是决定军队未来的关键一招。必须深入贯彻党在新形势下的强军目标,动员全军和各方面力量,坚定信心、凝聚意志,统一思想、统一行动,全面实施改革强军战略,坚定不移走中国特色强军之路。

(一)人民军队发展史就是一部改革创新史

我军之所以始终充满蓬勃朝气,同我军与时俱进不断推进自身改革是紧密联系在一起的。当前我们深化国防和军队改革是为了设计和塑造军队未来,着眼的是今后二十年、三十年国防和军队发展,谋的是民族复兴伟业,布的是富国强军大局,立的是安全与发展之基。

(二)我国进入由大向强发展的关键阶段必须以更大的智慧和勇气深化国防和军队改革

我国进入由大向强发展的关键阶段,国防和军队建设处在新的历史起点上,放眼世界,纵观全局,审时度势,应对当今世界前所未有之大变局、有效维护国家安全,坚持和发展中国特色社会主义、协调推进"四个全面"战略布局,贯彻落实强军目标和军事战略方针、履行好军队使命任务,都必须以更大的智慧和勇气深化国防和军队改革。

(三)以高度的历史自觉和强烈的使命担当坚定不移深化国防和军队改革

当前,我们正在进行具有许多新的历史特点的伟大斗争,深化国防和军队改革就是这场斗争的重要方面。对深化国防和军队改革,广大干部群众高度关注、积极支持,全军官兵热烈期盼、坚决拥护,形成了强大的改革势场。深化国防和军队改革调研广泛深入,重大问题论证充分,回应了全军关注和期盼,形成了最大公约数。总的看,深化国防和军队改革主客观条件十分有利,面临难得的机会窗口。必须把握好这个千载难逢的历史性机遇,以高度的历史自觉和强烈的使命担当,坚定不移深化国防和军队改革,努力交出让党和人民满意的答卷。

三、为贯彻强军目标提供强大动力和体制保障

深化国防和军队改革,关键是要牵住"牛鼻子"。"牛鼻子"是什么?就是党在新形势下的强军目标。要坚持用强军目标审视改革、以强军目标引领改革、围绕强军目标推进改革,通过改革把强军兴军的重大战略谋划和战略设计落实好,为贯彻强军目标提供强大动力和体制保障。

(一)明确国防和军队改革的指导思想

深化国防和军队改革的指导思想是,深入贯彻党的十八大和

十八届三中、四中、五中全会精神，以马克思列宁主义、毛泽东思想、邓小平理论、"三个代表"重要思想、科学发展观为指导，按照"四个全面"战略布局要求，以党在新形势下的强军目标为引领，贯彻新形势下军事战略方针，全面实施改革强军战略，着力解决制约国防和军队建设的体制性障碍、结构性矛盾、政策性问题，推进军队组织形态现代化，进一步解放和发展战斗力，进一步解放和增强军队活力，建设同我国国际地位相称、同国家安全和发展利益相适应的巩固国防和强大军队，为实现"两个一百年"奋斗目标、实现中华民族伟大复兴的中国梦提供坚强力量保证。

（二）国防和军队改革是有方向、有立场、有原则的

根据改革总体方案确定的时间表，2020年前要在领导管理体制、联合作战指挥体制改革上取得突破性进展，在优化规模结构、完善政策制度、推动军民融合发展等方面改革上取得重要成果，努力构建能够打赢信息化战争、有效履行使命任务的中国特色现代军事力量体系，完善中国特色社会主义军事制度。

一是牢牢把握坚持改革正确方向这个根本。改革不是改向，变革不是变色。改革是要更好坚持党对军队的绝对领导，更好坚持人民军队的性质和宗旨，更好坚持我军的光荣传统和优良作风。在改什么、不改什么的问题上要有战略定力，不能在根本性问题上出现颠覆性错误。

二是牢牢把握能打仗、打胜仗这个聚焦点。不改革是打不了仗、打不了胜仗的。树立向改革要战斗力的思想，坚持以军事斗争准备为龙头，坚持问题导向，把改革主攻方向放在军事斗争准备的重点难点问题上，放在战斗力建设的薄弱环节上，让一切战斗力要素的活力竞相迸发，让一切军队现代化建设的源泉充分涌流。

三是牢牢把握军队组织形态现代化这个指向。国防和军队现

代化是武器装备现代化、军事人才现代化、军队组织形态现代化全面协调发展的进程。没有军队组织形态现代化，就没有国防和军队现代化。要适应战争形态加速演变新趋势，适应国家由大向强发展新形势，适应军队使命任务拓展新要求，深入推进领导指挥体制、力量结构、政策制度等方面改革，为建设巩固国防和强大军队、赢得军事竞争优势提供有力制度支撑。

四是牢牢把握积极稳妥这个总要求。树立进取意识、机遇意识、责任意识，只要有利于坚持党对军队绝对领导，有利于能打仗、打胜仗，有利于保持人民军队光荣传统和优良作风，该改的就要抓紧改、大胆改、坚决改。同时，推进改革胆子要大，但步子一定要稳。必须稳妥审慎，战略上勇于进取，战术上稳扎稳打，步步为营，积小胜为大胜。

（三）国防和军队改革的战略举措

第一，着眼于贯彻新形势下政治建军的要求，推进领导掌握部队和高效指挥部队有机统一，形成军委管总、战区主战、军种主建的格局。

深化国防和军队改革，是中国特色社会主义军事制度自我完善和发展，是为了更好发挥我们军事制度的优势。调整军委总部体制、实行军委多部门制，由四总部改为十五个职能部门，使军委机关成为军委的参谋机关、执行机关、服务机关。把七大军区调整划设为东部、南部、西部、北部、中部五大战区，组建战区联合作战指挥机构，健全军委联合作战指挥机构；组建陆军领导机构，健全军兵种领导管理体制，成立火箭军，着力构建军委—战区—部队的作战指挥体系和军委—军种—部队的领导管理体系。军委管总、战区主战、军种主建，是领导指挥体制改革的总原则，解决的问题是在新形势下确保党对军队的绝对领导，确保军委高效指挥军队，确保军委科学谋划和加强部队建设管理。

健全军委联指中心是深化国防和军队改革的重要内容，是强化军委战略指挥功能的重要举措。当前,作战指挥战略性、联合性、时效性、专业性、精确性要求越来越高。要坚持底线思维,强化危机意识,担起历史重任,适应国家安全战略需求,紧跟世界新军事革命潮流,抓住和用好国防和军队改革这个历史性机遇,努力构建适应打赢信息化战争、能有效履行使命任务的联合作战指挥体系。解放思想、实事求是,一切以提高作战指挥能力为根本目的,一切以能打仗、打胜仗为根本标准,扭住制约联合作战指挥的矛盾和问题寻求突破。适应联合作战指挥体制改革,抓紧理顺有关重大关系,健全完善联合作战指挥运行机制,加紧形成科学配套的联合作战法规体系。

第二,着眼于深入推进依法治军、从严治军,抓住治权这个关键,构建严密的权力运行制约和监督体系。

一些部门和领域正风反腐形势仍然复杂严峻,这其中一个很大的问题,就是用权太任性,权力成了"自由落体"。按照决策、执行、监督既相互制约又相互协调的原则区分和配置权力,重点解决军队纪检、巡视、审计、司法监督独立性和权威性不够的问题。组建新的军委纪委,向军委机关部门和战区分别派驻纪检组,推动纪委双重领导体制落到实处。组建新的军委政法委,调整军事司法体制,按区域设置军事法院、军事检察院。调整组建军委审计署,全部实行派驻审计。通过这样的改革设计,形成决策权、执行权、监督权既相互制约又相互协调的权力运行体系。

第三,着眼于打造精锐作战力量,优化规模结构和部队编成,推动我军由数量规模型向质量效能型转变。

精兵作战、精兵制胜,关键在一个"精"字。坚持精简高效的原则,裁减军队员额 30 万,精简机关和非战斗机构人员,使军队更加精干高效。调整改善军种比例,优化军种力量结构,根据不同方向安全需求和作战任务改革部队编成,推动部队编成向充实、合成、多能、灵活方向发展。推进以效能为核心的军事管理革命，树立现代管理理念，完善管理体系，优化管理流程，不断提高军队专业化、精细化、科学化管理水平。

第四，着眼于抢占未来军事竞争战略制高点，充分发挥创新驱动发展作用，培育战斗力新的增长点。

国防科技发展是具有基础性、引领性的战略工程。必须选准突破口，超前布局，加强前瞻性、先导性、探索性、颠覆性的重大技术研究和新概念研究，积极谋取军事技术竞争优势，提高创新对战斗力增长的贡献率。适应建设航天强国、网络强国的战略要求，成立战略支援部队，打造维护国家安全的新型作战力量。

第五，着眼于开发管理用好军事人力资源，推动人才发展体制改革和政策创新，形成人才辈出、人尽其才的生动局面。

人才发展体制改革和政策创新，是这轮改革的一项重头戏。坚持党管干部、党管人才，完善人力资源分类，整合人力资源管理职能，加强军事人力资源集中统一管理，努力使军事人力资源能够转化为实实在在的战斗力。深化军队院校改革，健全院校教育、部队训练实践、军事职业教育三位一体的新型军事人才培养体系。抓紧推进政策制度特别是文职人员制度、军衔主导的等级制度、军官职业化制度的改革，深化军人医疗、保险、住房保障、工资福利等制度改革，完善军事人力资源政策制度和后勤政策制度，建立体现军事职业特点、增强军人职业荣誉感自豪感的政策制度体系，更好凝聚军心、稳定部队、鼓舞士气。

第六，着眼于贯彻军民融合发展战略，推进跨军地重大改革任务，推动经济建设和国防建设融合发展。

现在，融不起来、深不下去的问题一直没有得到很好解决，必须打破军民二元分离结构，健全统一领导体制，为推动军民深度融合发展提供体制机制保证。完善民兵预备役、国防动员体制机制。在国家层面加强对退役军人管理保障工作的组织领导，健全服务保障体系和相关政策制度。下决心全面停止军队有偿服务。

四、构建中国特色现代军事力量体系

习主席指出:"努力构建能够打赢信息化战争、有效履行使命任务的中国特色现代军事力量体系。"① 这一目标要求,标志着我们党对建设什么样的军事力量体系、怎样建设和运用军事力量体系的思路更加清晰。2015年12月31日,中国人民解放军陆军领导机构、中国人民解放军火箭军、中国人民解放军战略支援部队成立大会举行,习主席授予军旗并致训词,这是构建中国特色现代军事力量体系的战略举措,是我军现代化建设的一个重要里程碑。

(一) 努力建设一支强大的现代化新型陆军

陆军是党最早建立和领导的武装力量,对维护国家主权、安全、发展利益具有不可替代的作用。要弘扬陆军光荣传统和优良作风,适应信息化时代陆军建设模式和运用方式的深刻变化,探索陆军发展特点和规律,按照机动作战、立体攻防的战略要求,加强顶层设计和领导管理,优化力量结构和部队编成,加快实现区域防卫型向全域作战型转变,努力建设一支强大的现代化新型陆军。

(二) 努力建设一支强大的现代化海军

海洋关系国家长治久安和可持续发展,海军对维护国家主权和安全、捍卫国家统一、拓展国家战略利益具有重要作用。要按照近海防御、远海护卫的战略要求,逐步实现由近海防御型向近

---

① 《全面实施改革强军战略,坚定不移走中国特色强军之路》,载于《人民日报》2015年11月27日。

海防御与远海护卫型结合转变，构建合成、多能、高效的海上作战力量体系，提高战略威慑与反击、海上机动作战、海上联合作战、综合防御作战和综合保障能力，努力建设一支强大的现代化海军。

（三）努力建设一支强大的人民空军

空军是战略性军种，在国家安全和军事战略全局中具有举足轻重的地位和作用。要按照空天一体、攻防兼备的战略要求，实现国土防空型向攻防兼备型转变，构建适应信息化作战需要的空天防御力量体系，提高战略预警、空中打击、防空反导、信息对抗、空降作战、战略投送和综合保障能力，努力建设一支强大的人民空军。

（四）努力建设一支强大的现代化火箭军

火箭军是我国战略威慑的核心力量，是我国大国地位的战略支撑，是维护国家安全的重要基石。要按照核常兼备、全域慑战的战略要求，把握火箭军的职能定位和使命任务，增强可信可靠的核威慑和核反击能力，加强中远程精确打击力量建设，增强战略制衡能力，努力建设一支强大的现代化火箭军。

（五）努力建设一支强大的现代化战略支援部队

战略支援部队是维护国家安全的新型作战力量，是我军新质作战能力的重要增长点。要坚持体系融合、军民融合，努力在关键领域实现跨越发展，高标准高起点推进新型作战力量加速发展、一体发展，努力建设一支强大的现代化战略支援部队。

（六）努力建设一支现代化武装警察部队

武警部队作为我国武装力量的重要组成部分，在维护国家安全和社会稳定、保障人民安居乐业中肩负着神圣使命。要按照多能一体、有效维稳的战略要求，发展执勤安保、处突维稳、反恐突击、抢险救援、应急保障、空中支援力量，完善以执勤处突和反恐维稳为主体的力量体系，提高以信息化条件下执勤处突能力为核心的完成多样化任务能力，努力建设一支现代化武装警察部队。

五、建设"四铁"军委机关

军委机关调整组建，是整个领导指挥体制改革的龙头，是这轮改革中最具革命性的改革举措。军委机关由原来的四个总部改为十五个职能部门，是对军委总部体制的一次全面改革，是对我军战略领导、战略指挥、战略管理体系的一次全新设计，是我军领导指挥体制改革取得的一个突破性进展，是全面实施改革强军战略的一个标志性成果。2016年1月11日，习主席在接见军委机关各部门负责同志时明确提出，努力建设具有铁一般信仰、铁一般信念、铁一般纪律、铁一般担当的军委机关，强调军委机关各部门要讲政治、谋打赢、搞服务、做表率。①

（一）讲政治

这是对军委机关的第一要求。政治建军，首先要建设政治上特别可靠、特别过硬的高中级干部队伍。作为军委机关的领导干部，必须坚守党性原则，坚定政治信念，增强政治意识，站稳政治立场，严守政治纪律，做政治上的明白人。政治上的坚定源于理论上的清醒。学习理论，不仅要熟悉理论的基本内容，而且要注重掌握马克思主义立场、观点、方法，增强政治敏锐性和政治

---

① 《讲政治谋打赢搞服务做表率，努力建设"四铁"军委机关》，载于《解放军报》2016年1月12日。

鉴别力。军队讲政治、讲对党忠诚,革命军人讲政治、讲对党忠诚,最紧要的是自觉向党看齐。看齐首先是一个政治要求,军队看齐有自己的特点和要求,最根本的就是必须自觉坚持军委集中统一领导和军委主席负责制。看齐没看齐,这是根本衡量标准,是革命军人必须遵守的政治原则和政治纪律。充分发挥党的政治优势和组织优势,认真贯彻民主集中制,加强党委班子和干部队伍建设,增强各级党组织的向心力、凝聚力、战斗力。

(二)谋打赢

我军能不能做到能打仗、打胜仗,军委机关地位重要、责任重大。作为军委机关,必须研究军事、研究战争、研究打仗,强化随时准备打仗的思想。军委机关各部门,不论是处在指挥链上,还是处在建设链、管理链、监督链上,都要把谋打赢作为最大职责,集中精力谋打赢。当参谋、提建议、抓落实,必须坚持战斗力这个唯一的根本的标准,坚持用是否有利于生成提高部队战斗力来检验工作成效。积极适应作战指挥体系和指挥方式全方位、深层次的变化,在谋划打仗、保障打仗、服务打仗中找准定位、发挥作用,尽快形成顺畅高效的联合作战指挥体系。更深透、更全面地理解把握新形势下军事战略方针,研究拿出有效管用的措施,把各项要求落到实处。把抓备战谋打赢的自身能力搞过硬,大兴学习战争、研究战争之风,主动来一场军事学习革命,来一场思想解放的头脑风暴。多读马克思主义经典军事著作,多研究古今中外战史战例,紧跟世界新军事革命发展趋势,研究信息化战争制胜机理,把握现代军事指挥规律,不断提高谋划打仗、指挥打仗、带兵打仗能力。

(三)搞服务

领导就是服务。在军队领导指挥体制中,军委机关各部门居于承上启下、协调左右的重要位置,必须自觉为军委服务、为战区服务、为军种服务、为官兵服务。对军委机关来说，实现转变职能、转变作风、转变工作方式，核心就是做好服务。要有很强的大局观念，自觉服从服务于党和军队工作大局，围绕大局反映情况、报送信息，围绕大局出谋划策、贡献智慧，围绕大局加强督办、促进落实，围绕大局统筹协调、搞好保障，紧紧围绕军委中心工作和部队工作实际想问题、办事情，努力提供优质高效的服务。服务归根到底要体现到为部队官兵服务上。要把广大官兵放在心上，了解部队需求、倾听官兵呼声，把对上服务和对下服务有机结合起来，不要离基层远了、离一线远了、离官兵远了，使各项工作接地气、暖人心，更具针对性和实效性。

（四）做表率

作为军委机关各部门的领导干部，一言一行、一举一动都体现着军委机关的形象。要在自我要求方面更严格一点、更苛刻一些，自觉用党规党纪规范自己、约束自己、警示自己，做到忠诚、干净、担当，为全军做好样子、立起标杆。强化法治思维，坚持依法治军、从严治军，坚决防止和纠治以言代法、以权压法、徇私枉法等现象。深刻吸取郭伯雄、徐才厚等人严重违纪违法的深刻教训，旗帜鲜明同各种腐败现象作坚决斗争，带头弘扬我军光荣传统和优良作风，激发干事创业精气神，积极培育风清气正的政治生态，让广大官兵看到军委机关新气象，看到正风反腐正能量。

六、深入理解改革、坚决拥护改革、积极投身改革

深化国防和军队改革是我们回避不了的一场大考。这场改革的大考是思想上的，是利益上的，但归根结底是政治上的。要充

分认清深化国防和军队改革的重要性和紧迫性，准确把握改革的目标和任务，强化政治意识、大局意识、号令意识，以踏石留印、抓铁有痕的精神把各项改革任务完成好，坚决打赢这场攻坚战。

（一）站在听党指挥的高度，坚决维护党中央、中央军委改革决策部署的权威性和严肃性

我们这支军队历来有一切行动听指挥的好传统。疾风知劲草，烈火见真金。关键时刻最能显出共产党人本色。我军正在进行的改革，是对各级干部特别是高级干部政治上最现实、最直接的考验。有些人对军队改革有一些议论和想法，根子在脚还没有站到党和国家工作大局的位置上来，或者是一只脚站过来了，另一只脚还没有站过来。党中央和中央军委决定的事情，必须坚决执行，遇到再大矛盾和问题也要坚决执行。要严守政治纪律和政治规矩，坚决反对政治上、组织上、行动上的自由主义，对党中央、中央军委改革决策部署，不允许说三道四、乱发议论，不允许自作主张、各行其是，不允许打折扣、搞变通。

（二）主动来一场思想上的革命，防止穿新鞋走老路、拿新瓶装旧酒

改革是一场革命，这场革命是体制机制上的，也是思想上的。在原有体制机制下干了那么多年，过去那一套已经顺手了、用惯了，甚至固化了，遇事往往自觉不自觉想着以前那些工作套路，要转过来的确不容易，但再难也要转。这是改革提出的强制性要求，是必须迈过去的一道坎。转变要从思想认识上转起，思想认识跟不上，行动上就会反映出来。体制和机制相辅相成，新体制建起来了，相关机制建设要跟上。要改转并行，加紧建立健全同领导指挥体制相适应的工作运行机制，切实从一切不合时宜的思维定势、固有模式、路径依赖中解放出来，确保新体制顺畅高效运行。

（三）发挥组织的力量和优势，在党中央、中央军委统一领导下有组织有秩序加以推进

深化国防和军队改革，一个重要原则是自上而下、分步实施、统筹推进。要按照军委统一部署，周密组织，稳扎稳打，确保改革梯次接续、前后衔接、压茬推进。深化国防和军队改革是一个复杂的系统工程，制定改革方案坚持体系设计原则，实施改革方案也要贯彻体系配套思想，增强改革的系统性、整体性、协同性，确保改革方案的含金量得到充分体现。加强改革效果评估，紧跟改革进程，及时研究解决改革中出现的矛盾和问题。深化改革对各级的领导力、组织力、执行力都是考验。各级党委要把抓改革举措落地作为政治责任，提高领导改革能力，发挥核心领导作用。

（四）为推进改革营造良好舆论氛围，保持部队高度集中统一和纯洁巩固

深化国防和军队改革推进力度之大、触及利益之深、影响范围之广前所未有，必须把思想政治工作贯穿改革全过程。紧贴改革进程和官兵思想实际，把实施改革强军战略丰富内涵和重大意义讲清楚，把党中央和中央军委决策部署讲清楚，把事关官兵切身利益的改革举措讲清楚，引导官兵读懂改革、吃透改革，把官兵思想行动统一到党中央和中央军委决策部署上来。高度重视舆论引导特别是网上舆论工作，打好主动仗，传播正能量，为推进改革营造良好舆论氛围。

（五）把"三严三实"要求贯穿改革全过程，既当改革的促进派又当改革的实干家

推动落实深化国防和军队改革任务，哗众取宠不行，蜻蜓点

水也不行,必须扎扎实实干,做到理解改革要实,谋划改革要实,落实改革也要实。改革重点是解决"脖子以上"的问题,矛盾主要集中在上面。高层领率机关和高级干部要带头讲政治、顾大局、守纪律、促改革、尽职责。广大干部要以革命军人应有的忠诚、担当、勇气,以奋发有为的精神状态投身改革强军实践,努力作出无愧于历史、无愧于时代、无愧于党和人民的业绩。

七、在改革顺利推进中提供坚强政治保证

当前,军队规模结构和力量编成改革正在向纵深推进,政治工作作为我军的看家本领、最大特色、最大优势,必须紧跟改革进程充分发挥生命线作用,为改革顺利推进提供坚强政治保证,不断提高思想政治工作对改革强军的贡献率。

(一)掌握"制脑权",在真正读懂吃透改革上下功夫

用大道理管住小道理,利用专题理论学习、思想政治教育,组织官兵深入学习领会习主席改革强军重大战略思想,切实把"为什么改、改什么、怎么改"等问题理解透,把改革决策部署掌握准,引导官兵全面辩证看待改革的"得"与"失"。用活办法稳控活思想,认真落实思想调查分析制度,及时摸清把准官兵的关注重点、疑虑期盼、思想走势,增强教育引导的针对性、实效性,引导官兵稳心定神、服从组织、知责思为。用正能量消解负能量,高标准筹划开展维护核心、听从指挥主题教育活动和推进"两学一做"学习教育常态化制度化,使坚定维护核心、聚力改革强军成为官兵的思想自觉、行动自觉;充分利用军营网络、电视广播、板报橱窗、文艺创演等方式,搞好改革动态宣传和政策阐释,汇聚拥护支持改革的强大正能量。

（二）提升"核心力"，在充分发挥组织作用上下功夫

组织功能坚持常抓常用，充分发挥各级党组织管思想、管党员、管干部的作用，严格抓好七项组织生活制度落实，严肃党内政治生活，做到改革推进到哪、组织功能作用就发挥到哪；紧紧扭住改革中的重要工作、重大问题、重点环节，以原则为根本、以事业为支撑、以感情为纽带，迅速凝聚新组建党委班子的核心领导力量。干部工作坚持公平公正，本着对部队长远建设高度负责、对干部成长进步高度负责的态度，结合转业、交流、分流，把想干事、能干事、干成事的人用到重要岗位上，使优秀者优先、有为者有位、实干者实惠、吃苦者吃香。执纪问责坚持从严从紧，挺纪在前，扎实抓好改革纪律规定学习，采取案例警示、巡回宣讲等多种手段，使严守纪律观念在官兵头脑中深深扎根；充分发挥纪委、审计、巡视等职能部门监督作用，紧盯改革决策部署执行、干部调整配备、经费资产交接等加强重点监督检查，以严格的执纪监督确保改革顺利实施。

（三）筑牢"铁防线"，在确保蹄疾步稳推进上下功夫

要站在讲安全就是讲政治、讲安全就是讲大局的高度，管控安全风险、守住安全底线，为改革顺利实施营造良好氛围和条件。强化官兵意识形态领域斗争观念和安全保密意识，在脑海深处拉起"警戒线"；针对网络舆论斗争特点，围绕网上热点、官兵关注焦点，加强网络舆情监控，加强舆论引导，旗帜鲜明批驳各种网络谣言，用主流引领"非主流"、以积极化解消极。紧盯重点人员，及时掌握官兵思想动态，把握不同改革阶段、不同类别官兵思想状况和利益诉求等特点规律，把各方面的底数摸清楚，开展心理服务疏导，及时理顺情绪、稳定思想、调适心理。紧盯薄弱部位，强化问题导向，紧盯关键环节、重点部位、小散远点位，常态化开展督导检查和隐患排查，确保不发生影响和干

扰改革的事。

（四）当好"促进派"，在自觉以上率下带动上下功夫

面对改革"大考"，领导干部既是"考官"也是"考生"，既要表态更要当表率，把"关键少数"的关键作用发挥好。带头讲政治、顾大局，坚定不移地用习主席和中央军委的决策指示统一思想，做到政治上讲忠诚、组织上讲服从、行动上讲规矩，带头拥护改革决策部署、冲破思想观念束缚、突破利益固化藩篱，为改革分忧解难。带头勇担当、善作为，强化首任首责的使命担当，担起思想引领之责、练兵备战之责、稳控部队之责，拿出"最讲认真"的劲头，谋划部队整体转型重塑之策，切实更新思想观念、提高能力素质、转变工作模式。带头守纪律、塑形象，强化表率意识，经常用"教育别人自己信不信、要求别人自己做不做、检查别人自己行不行"反躬自省，把真理的力量与人格的魅力统一起来，以领导干部的好样子，推动改革的"车轮子"。

第八章

提高国防和军队建设法治化水平

一个现代化国家必然是法治国家，一支现代化军队必然是法治军队。坚定不移地走中国特色强军之路，推进强军事业、建设强大军队，没有法治引领和保障是不行的。深入推进依法治军、从严治军，是全面推进依法治国总体布局的重要组成部分，是实现强军目标的必然要求。我们必须更加坚定自觉地推进依法治军，构建完善中国特色军事法治体系，着力提高军队建设法治化水平，把依法治军、从严治军方针贯彻落实到部队建设的全过程和各方面，为推进强军事业提供重要引领和保障。

一、贯彻依法治军、从严治军方针

军无法不立，法无严不威。稀稀拉拉，松松垮垮，就不成其为军队，更谈不上能打仗、打胜仗。坚持依法治军、从严治军，军队才能形成严明的作风和铁的纪律，始终保持强大的凝聚力战斗力。

（一）依法治军、从严治军是建设强大军队的铁律

从严治军是古今中外治军的一条基本经验。《孙子兵法》第一篇，把决定战争胜负的因素归纳为"道、天、地、将、法"，

这其中的"法"指的就是军纪。明代抗倭名将戚继光讲:"法明令审,动止有则,使强者不得独进,弱者不得独退。峙如山岳,不可撼摇。流如江河,不可阻遏。虽乱犹整,百战不殆。握定胜算,以全制敌,舍节制必不能军。"① 在国外,严明军纪也被视为军事领域的一条定律。著名军事理论家克劳塞维茨在《战争论》中写道:"纪律严明、勇猛顽强是军人必备的职业道德,是军人特有的武德。"② 拿破仑率军远征北非时,曾遇到了马木留克兵的顽强抵抗。马木留克兵身体强壮、精于骑术、骁勇善战,但他们缺乏纪律素养,作战时队形散乱,行动不协调。法军虽然骑术不精,但法纪严明,作战中能够始终保持严整的队形,冲锋时犹如一泻千里的洪流。每当两军相交,马木留克兵抵挡不住拿破仑骑兵军团的攻击,单兵格斗的优势变成了整体较量的弱势。血火交织的人类战争史,反复验证了这样一个亘古不变的法则:军纪凝聚战斗力,令严才能壮军威。

(二)依法治军、从严治军是我们党建军治军的基本方略

我们党在领导革命、建设和改革的各个历史时期,始终高度重视用严格的法规、严明的纪律建军治军,积累和创造了许多宝贵经验,形成了依法治军、从严治军的重要思想。建军之初,毛泽东就极为重视军队纪律建设,倡导"三大纪律、八项注意",使军纪严明成为人民军队区别于旧军队的一个重要特征;我军是唱着"三大纪律、八项注意"走向胜利的。新中国成立后,又适时提出军队正规化建设必须实行"五统四性",为我军依法治军、从严治军奠定了坚实基础。邓小平总结历史经验教

---

① 戚继光:《练兵实纪》练将第九·第二十五.严节制。
② [德]卡尔·冯·克劳塞维茨:《战争论》第1卷,解放军出版社2005年版,第192页。

训,提出"一手抓建设,一手抓法制"①的重要思想,反复强调治军要严、要抓军队规章制度建设,开启我军依法治军、从严治军的新时期。江泽民明确把依法治军、从严治军确立为我军建设的重要指导方针,推动了我军制度化、规范化建设的大发展。胡锦涛强调,依法治军、从严治军是推进国防和军队建设科学发展必须抓好的全局性、基础性、长期性工作,坚持把依法治军与从严治军相统一,引领我军依法治军、从严治军取得了历史性进步。习主席洞察把握大势,鲜明提出依法治军、从严治军是强军之基,深刻揭示了依法治军、从严治军在建设强大军队中的基础地位和基石作用,开辟了我军依法治军、从严治军的新境界。依法治军、从严治军贯穿了我军建设发展的全过程,涵盖了军事、政治、后勤和装备等各项工作,渗透于国防和军队建设一切活动之中。特别是党的十八大以来,习主席鲜明提出依法治军、从严治军是强军之基,是我们党建军治军的基本方略,他在主持党的十八届四中全会决定起草时,明确要求把依法治军、从严治军问题单列一块写进去,纳入依法治国总体布局。在习主席和中央军委领导下,我军依法治军的理念与实践进入崭新阶段。90年来,正因为我们一贯重视依法治军、从严治军,才使我军始终保持了性质、本色和作风,成为一支举世无双的威武文明之师。形势任务越是发展变化,越要强化依法治军、从严治军意识,越要坚持不懈地贯彻这个重要指导方针。

国家要依法治国,军队要依法治军。"国无常强,无常弱。奉法者强则国强,奉法者弱则国弱。"②法治是一个国家文明进步的重要标志,也是一支现代军队的鲜明特征。实现国家治理体系和治理能力现代化,必然要求建设法治国家,必然要求建设法

---

① 《在中央政治局常委会上的讲话》(一九八六年一月十七日),《邓小平文选》第3卷,人民出版社1993年版。
② 《韩非子·有度》。

治军队。现在,整个国家都在建设中国特色社会主义法治体系、建设社会主义法治国家,军队法治建设不抓紧,到时候就跟不上趟了。

深入推进依法治军、从严治军,必须紧紧围绕党在新形势下的强军目标,着眼全面加强革命化、现代化、正规化建设,坚持党对军队绝对领导,坚持战斗力标准,坚持官兵主体地位,坚持依法和从严相统一,坚持法治建设和思想政治建设相结合,创新发展依法治军理论和实践,构建完善的中国特色军事法治体系,形成系统完备、严密高效的军事法规制度体系、军事法治实施体系、军事法治监督体系、军事法治保障体系,提高国防和军队建设法治化水平。

（三）把纪律建设作为核心内容

加强纪律性,革命无不胜。纪律建设是军队各项建设的基础,是听党指挥、能打胜仗、优良作风的重要保证。夯实强军之基,必须坚持以纪律建设为核心,把依法治军、从严治军方针贯彻落实到部队建设的全过程和各方面。

1. 培养自觉而又严格的组织纪律观念。

在我们这支人民军队里,广大官兵历来把执行命令、严守纪律,看得重于生命、高于生命,用实际行动写下了一页又一页守纪如铁、令出必行的动人篇章。1948年10月,东北野战军解放锦州时,许多部队驻扎在苹果园里。当时正是苹果飘香的季节,树上硕果累累,但没有一个战士吃老百姓的苹果,成为久传不衰的佳话。毛泽东听到这个故事后,感慨地说:"在这个问题上,战士们自觉地认为,不吃是很高尚的,而吃了是很卑鄙的,因为这是人民的苹果。我们的纪律就建筑在这个自觉性上边。"[1] 我

---

[1] 《艰苦奋斗是我们的政治本色》（一九五六年十一月十五日）,《毛泽东文集》第7卷,人民出版社1996年版,第162~163页。

军的纪律有两个紧密相连的显著特征：一个是铁的纪律，另一个是自觉的纪律。铁的纪律，就是纪律具有不可动摇的严肃性、权威性和强制性，不管你愿不愿意、理解不理解，都必须严格执行、坚决照办。自觉的纪律，是我军纪律的独特优势。正如朱德所说，我军的纪律"决不依靠打骂来维持，而是建筑在无产阶级的团结上面，用自我批评的精神、教育的精神，互相督促和勉励，达到自觉遵守纪律"①。高度自觉的纪律观念不是一天两天形成的，而是长期培养积累的结果。我们要深刻认识人民军队的纪律与性质宗旨、职能使命的关系，充分认清我军纪律是党和人民对军队的要求，是广大人民意志和利益的体现，同广大官兵的根本利益是完全一致的，牢固树立"纪律就是生命"的观念，切实增强严守纪律的主动性、自觉性。要正确认识和处理个人与集体、民主与集中、纪律与自由的关系，自觉用法规制度规范自己的言行，坚持在训练、工作、生活中加强点滴养成，努力培养遵规守纪的优良作风和良好习惯。

2. 严格落实条令条例和规章制度。

条令条例和规章制度是军人最基本的行为准则，具有统一军队意志，把千军万马凝聚成钢铁般集体的特殊功能。军队工作千头万绪，干什么不干什么，什么是对什么是错，基本依据就是条令条例。事实证明，遵章守纪终受益，违章乱纪祸无穷。2003年，俄罗斯海军在拆解报废的K-159核潜艇过程中，违反拖拽时潜艇不能搭载任何人和物的规定，将10名艇员留在潜艇内。8月30日，连接潜艇和浮筒的缆绳突然断裂，没有任何自航能力和防护措施的核潜艇落入4级风浪的大海中，致使9人遇难。时任俄罗斯国防部长伊万诺夫感叹说，这次事故绝对是因为指挥人员玩忽职守，不按照条令和操作规程办事的恶果。有些人总想按

---

① 《怎样创造铁的红军》（一九三一年七月），《朱德选集》，人民出版社1983年版。

第八章　提高国防和军队建设法治化水平

照俄罗斯人的老习惯凭撞大运办事，到头来将受到自然规律最严酷的处罚。军队是高度集中统一的武装集团，只有按照条令条例和规章制度严格训练、严格管理、严格要求，才能形成高度集中统一的意志和行动，有效履行使命任务。我军的条令条例和规章制度，凝聚了人民军队90年治军的宝贵经验，是建军治军规律的深刻反映和体现。要把条令条例和规章制度贯彻落实到各层次、各系统、各方面，使一切工作和活动都按条令法规的要求运转，建立和保持正规的战备、训练、工作和生活秩序。每名官兵都要严格执行条令条例和各项规章制度，做到不是部分条文照办，而是条条照办，不是一时一处照办，而是时时处处照办，上级强调时照办、上级不强调时同样照办，顺心合意时照办、不顺心合意时同样照办，顺利条件下照办、困难条件下同样照办。

3. 着力增强法规制度的执行力。

"令在必信，法在必行。"法规制度的价值和生命在于执行，执行的核心在于严格。再严肃的纪律、再严密的制度，如果不严格落实就是一纸空文，失去应有的功能作用。我军历来强调令出必行、法定必依，执法必严、违法必究。1947年10月，刘邓大军千里挺进大别山，到达总路嘴镇时，警卫团的副连长赵桂良，见店铺主人不在，拿了几匹布和一捆粉条，想给战士做棉衣，改善伙食。赵桂良平时作战很勇敢，对战士也很关心。刘伯承和邓小平虽然心里十分难过，仍然召开公判大会，下令枪毙了这名副连长。对此，邓小平表示，"我们有过规定，抢劫民财者，枪毙！法纪如山，谁也不能以身试法。如果我们今天不能对一名连长执行纪律，那么营长、团长、旅长……包括我们自己又如何约束呢？"军令如山，军法无情。制度就是红线，谁逾越了红线，谁就必须受到处罚。在法规制度面前，没有特殊的人和事，绝不允许搞"上有政策、下有对策"，绝不允许打擦边球，绝不允许打折扣、搞变通。当前，具有我军特色的军事法规体系已基本形成，有法可依的问题基本解决，关键要严字当头，提高法规制度的执行力。要下大力整肃军纪,认真解决管理松懈、作风松散、纪律松弛问题,坚决防止和克服有法不依、执法不严、违法不究的现象,切实维护法规制度的权威性和严肃性。对违纪问题和不良倾向,要敢于当"铁匠"较真碰硬,不能当"木匠"睁一只眼闭一只眼,更不能当"瓦匠"和稀泥。对敷衍了事、遇到问题绕着走的,要严格问责动真格,通过组织和纪律手段确保法规制度落实到底、执行到位。

4. 增强管理工作的科学性、有效性。

加强纪律建设,培养优良作风,大量的要靠部队的管理工作。做好新形势下的管理工作,既要坚持依法管理、从严管理,确保部队高度集中统一和安全稳定,又要弘扬尊干爱兵、官兵一致的优良传统,把关心爱护官兵和从严治军统一起来,把严格管理和科学管理统一起来,进一步巩固和发展我军团结、友爱、和谐、纯洁的内部关系。解放战争时期,晋冀鲁豫野战军有一个著名战斗英雄、带兵模范叫王克勤。他组织班里战士成立互助小组,开展思想、体力、技术"三大互助"活动,不仅提高了战士的思想素质和技战术水平,而且增进了内部团结、鼓舞了战斗热情,受到刘伯承和邓小平的高度赞扬。延安《解放日报》称这一做法"为中国人民解放事业创造了新的光荣的范例",号召全军部队普遍开展"王克勤运动",极大激励了广大官兵为解放全中国浴血奋战。良好的内部关系是我军性质宗旨、纪律作风的综合反映,是我军凝聚力、战斗力的源泉和战无不胜的法宝。当前,我军所处环境、兵员成分和担负任务都发生了很大变化,在内部关系上不可避免地存在一些矛盾和问题,对做好管理工作提出了新的更高要求。要深入研究新形势下治军带兵的特点规律,深刻把握青年官兵思想、心理和行为的新变化,充分尊重他们的主体地位,发挥他们的创造精神。干部骨干要切实端正对士兵的根本态度,坚持依法带兵、以情带兵、文明带兵,严禁打骂体罚,坚决防止发生侵犯官兵合法权益的问题。广大官兵要加强自我约束，提高自身修养，自觉接受干部骨干的管理，始终做到服从命令、听从指挥。要把加强内部团结突出出来，广泛开展尊干爱兵、兵兵友爱活动，努力营造有利于官兵奋发向上、健康成长的良好内部环境。

二、按照法治要求转变治军方式

深入推进依法治军、从严治军，要求我们的治军方式发生一场深刻变革，努力实现"三个根本性转变"，即从单纯依靠行政命令的做法向依法行政的根本性转变，从单纯靠习惯和经验开展工作的方式向依靠法规和制度开展工作的根本性转变，从突击式、运动式抓工作的方式向按条令条例办事的根本性转变。这"三个根本性转变"，阐明了我军现代化战略转型对变革治军方式的内在要求，明确了新形势下深入推进依法治军、从严治军的重要着力点，必将推动全军形成党委依法决策、机关依法指导、部队依法行动、官兵依法履职的良好局面。

（一）军队越是现代化，越是信息化，越是要法治化

在信息网络时代，战争过程日益科学化，军队建设、管理和作战行动更加强调标准化、规范化、精细化。这就要对军队各方面进行严格规范，建立一整套符合现代军事发展规律、体现我军特色的科学的组织模式、制度安排和运作方式，推动军队正规化建设向更高水平发展。解决好"五多"这个官兵反映强烈的顽症必须依靠法治化。部队反映"五多"问题仍然突出，"文山"很高，"会海"很深，主要问题还是用会议落实会议、用文件落实文件、用检查落实检查。要以创新的思路和办法解决"五多"问题，从思想理念、体制机制、方式方法上，破立并举，综合施策，既要定性也要定量，采取硬性措施解决好"五多"这个官

兵反映强烈的顽症。要提高工作指导的科学性和实效性，特别是高层机关要转变职能、转变作风、转变工作方式，按照法定职责权限抓工作，提高工作效率和组织效能。

（二）坚持改革和立法衔接协调，确保改革在法治轨道上推进

改革和法治如鸟之双翼、车之两轮，改革要充分发挥法治的引导、推动、规范、保障作用，坚持改革和立法衔接协调，确保改革在法治轨道上推进。"木受绳则直，金就砺则利。"作风建设由治标向治本转变也要靠法治，善于运用法治手段纠风肃纪，以刚性的制度规定和严格的制度执行实现作风建设规范化、常态化、长效化。

（三）强化法治信仰和法治思维

深入推进依法治军、从严治军，首先要让法治精神、法治理念深入人心，使全军官兵信仰法治、坚守法治。没有这一条，依法治军、从严治军是难以推进的。

长期以来我军军事法治建设有长足进步，但重人治、轻法治现象在部队中还比较突出。现实生活中，有的"一朝权在手，便把令来行"，以言代法、以权压法。有的领导干部长官意志严重，"一个将军一个令"，搞土政策、土规定。有的遇事不是找法，而是找关系、找门路。这些都是典型人治思维，必须认真搞好清理整治，强化法治观念。

法律必须被遵守，法治必须被信仰。要在全军深入开展法治宣传教育，把法治教育训练纳入部队教育训练体系，把培育法治精神作为强军文化建设的重要内容，引导广大官兵深刻理解依法治军、从严治军的重大意义和丰富内涵，把法治内化为政治信念和道德修养，外化为行为准则和自觉行动，增强官兵尊法、学法、守法、用法的思想自觉和行动自觉。

三、构建和完善中国特色军事法规制度体系

在宪法之下,我军军事法规体系分为三个层次:一是法律。全国人大及其常委会制定的直接调整国防和武装力量建设的法律和有关法律问题的决定。二是法规。国务院和中央军委制定的军事法规,有的由国务院、中央军委联合发布,有的由中央军委发布。三是规章。包括总部、国务院有关部委局以及军兵种和战区制定的军事规章,还有大量有关国防建设的地方性规章。

(一)建立健全我军法治体制机制

军事法规制度是军队建设的基本依据,是官兵行为的基本准则,是依法治军、从严治军的重要前提和基础。我军法规制度不健全、不配套问题还比较突出。要着眼改革急需、备战急用,做好法规制度立改废释工作,对现有法规制度,要进行全面清理,加快构建实在管用、系统配套的中国特色军事法规制度体系。

我军法治专门机构体制机制不顺、力量薄弱、职能不完备,法律服务保障力量分散,严重制约了职能作用发挥。要拿出有效举措,在健全军事法制工作体制、深化军事司法体制改革、调整纪检监察和审计体制机制、完善军事法律人才培养管理机制等方面取得实质性进展。建立军事法律顾问制度,为党委首长决策和部队行动提供法律咨询保障。完善执法制度,健全执法监督机制,严格责任追究,违法者要军法从事。法律法规的红线不能逾越,这一条必须在全军牢固树立起来。

(二)做好法规制度立改废释工作

要用强军目标审视和引领军事立法,提高军事法规制度的针对性、系统性、操作性。通过完善法规制度体系,为确保党对军

队绝对领导提供坚强法治保障。突出重点，抓紧制定完善军事斗争、信息化建设、军民融合、非战争军事行动以及军人法律地位和权益保障等方面的法规制度。作战条令是规范军队作战行动的法规，是部队打仗和训练的主要依据。当前，我军联合作战条令建设严重滞后，要以联合作战指挥体制改革为契机，抓紧推进新一代联合作战条令制定工作。要抓紧健全完善军队监察、纪律检查、预防犯罪、审计、科学管理等方面的法规制度，切实为强军兴军提供科学完备的法规制度保障。科学完善的军事法规制定体制机制，是提高军事法规制度质量的重要保证。要完善立法机制，规范立法权限，加强立法顶层设计，把立法质量提高到一个新水平。

（三）着力增强军事法规制度执行力

法律的生命力在于实施，权威性也在于实施。法规制度不能成为"稻草人""泥菩萨"，要立好规矩，更要守好规矩，定了规矩就要执行，做了规定就要来真格的。在依法治军上，关键是要出实招、见实效，防止浮于表面、停留在口号上。"徒法不足以自行。"要着力增强法规制度执行力，让制度纪律成为带电的"高压线"，坚决杜绝有法不依、执法不严、违法不究的现象；坚持制度面前人人平等、执行制度没有例外，不留"暗门"、不开"天窗"，提高法规制度的权威性和约束力，让铁规生威、铁纪发力。

厉行法治、严肃军纪，是治军带兵的铁律，也是建设强大军队的基本规律。军无法不立，法无严不威。严才能正纲纪，严才能肃军威，严才能出战斗力。稀稀拉拉、松松垮垮，就不成其为军队，就打不了仗，更打不了胜仗。实践证明，部队一"松"、一"软"，就容易散，贻害无穷。要以纪律建设为核心，下大气力整肃军纪，强化号令意识，培养部队令行禁止、步调一致的严明纪律，解决管理松懈、作风松散、纪律松弛的问题。依据法规制度指导和开展工作，狠抓条令条例和规章制度落实，保持正规的战备、训练、工作和生活秩序。

四、依法治官、依法治权

依法治军、从严治军，关键是依法治官、依法治权，要害也是依法治官、依法治权。只有依法治官、依法治权，才能更好地夯实强军之基，使依法治军、从严治军方针真正落到实处。

（一）党员干部要率先垂范、以身作则

上有所好，下必甚焉。党员干部的纪律作风对部队和官兵来说是风向标，其一言一行、一举一动，无形中都是在营造一种风气、提倡一种追求、引导一种方向。美国记者埃德加·斯诺在《西行漫记》中有这样一段描述：共产党的军队打仗时，干部冲在前面喊，"同志们，跟我上！"国民党的军队打仗时，军官跟在后面喊，"弟兄们，给我上！""跟我上"体现了我军党员干部处处以身作则、模范带头。战争年代，每一场恶仗打下来，主攻部队差不多都要重建党支部，原因是冲锋在前的是党员干部，他们大多数伤亡了，特别是基层政工干部是牺牲最多的。红6师第18团在长征途中共有4任政委，第一任被打断了一只胳膊，第二任被打瞎了一只眼睛，第三任、第四任都英勇牺牲了。《开国将军轶事》出版后，有位年轻记者采访作者吴东峰，问："你采访了那么多开国将军，印象最深的是什么？"回答是："战创。"他说："在我采访的200多位开国将帅中，90%以上都负过伤，如果把他们身上的弹创累积起来，比任何国家将军身上的都要多，肯定要获吉尼斯世界纪录。"据他统计，10位元帅中7位负过伤，他们身上共有16个"弹孔"；10位大将中7位负过伤，共有37个"弹孔"。从指挥员到战斗员，从领导干部到普通党

员,忠诚于党的抽象原则在我军变成一个个生动具体的形象,党员干部成为官兵做人做事的榜样。

(二)抓好领导干部这个"关键少数"

依法治军关键是依法治官、依法治权,必须抓好领导干部这个"关键少数"。不要一讲依法治军就眼睛向下,认为法治是"领导治部属""上级治下级""官治兵"的手段。事实证明,领导干部对法治建设既可以起到关键推动作用,也可能起到致命破坏作用。上行下效,上梁不正下梁歪。领导干部要自觉培养法治思维,带头尊法、学法、守法、用法,自觉做依法治军的带头人。依法治军、从严治军能不能落到实处,党员干部带头是关键,特别是作风建设更要突出党员干部特别是领导干部这个重点。党员干部手中大多有一定的权力,更容易受到不良风气的侵蚀影响;好作风是抓出来的,也是党员干部带出来的。要坚持领导带头,坚持自上而下抓,一级抓一级,一级带着一级改。广大党员干部要自觉接受组织和群众的教育管理监督,始终把自己置身于组织视野之内、法规约束之中、群众监督之下。要强化法治意识,树立不依法决策的班子不是合格的班子、不依法办事的领导不是称职的领导的观念,努力做到依据法规制度谋划工作、解决难题、抓好落实。要严格遵守党风廉政建设各项规定,坚决反对腐败、反对特权,切实做到守得住清贫、耐得住寂寞、抵得住诱惑、经得起考验。凡是要求部属做到的,自己首先做到;要求部属不做的,自己坚决不做。要言行一致、表里如一,把心里想的、嘴上讲的、实际做的一致起来。只有这样,自己说的才能让官兵信服、做的才能让官兵佩服、管的才能让官兵心服。各级党组织要坚持党管党员、党管干部,严格落实各项组织生活制度,充分发挥党委核心领导作用、党支部战斗堡垒作用和党员干部先锋模范作用。

（三）从踏入干部队伍的那一天起就扣好法治的第一粒扣子

做尊法的模范，带头尊崇法治、敬畏法律，从领导干部踏入干部队伍的那一天起就扣好法治的第一粒扣子，增强法治意识，养成法治习惯。做学法的模范，带头了解法律、掌握法律，首要的是学习《宪法》，还要学习同自己所担负的领导工作密切相关的法律法规和条令条例，弄明白法律规定什么事能干、什么事不能干，不能当"法盲"、犯了规越了线还浑然不知。做守法的模范，带头遵纪守法、捍卫法治，牢记法律红线不可逾越、法律底线不可触碰，带头遵守法律、执行法律，带头营造办事依法、遇事找法、解决问题用法、化解矛盾靠法的法治环境。做用法的模范，带头厉行法治、依法办事，把对法治的尊崇、对法律的敬畏转化成思维方式和行为方式，想问题、作决策、办事情都要纳入法治轨道，做到在法治之下，而不是法治之外，更不是法治之上。

（四）正确用权、谨慎用权、干净用权

正确用权、谨慎用权、干净用权。领导干部怎么做，部队官兵都在看着。领导干部不以身作则，部队是带不好的。深化国防和军队改革的一个重要方面，就是抓住治权这个关键，把权力运行制约和监督体系搞严实。纪检、巡视、审计部门要履行好监督职能，各级领导干部要自觉接受监督，乐于接受监督。无法无天的干部不能用，更不能重用。要设置领导干部法治素养"门槛"，把能不能遵守法律、依法办事，作为领导干部选拔任用的重要条件，纳入干部考核评价体系。

第九章

全面加强军队党的建设

党的十八大以来，我们党带领人民正在进行具有许多新的历史特点的伟大斗争，这对全面推进党的建设新的伟大工程提出了更高要求。习主席指出："搞好军队党的建设，是军队建设发展的核心问题，是军队全部工作的关键，关系到党的执政地位，关系到我军性质宗旨，关系到部队战斗力。"[1] 我们必须把军队党的建设摆在更加突出的位置，坚持党要管党、从严治党，全面加强军队党的思想建设、组织建设、作风建设、反腐倡廉建设和制度建设，把党的政治优势和组织优势转化为推动部队建设的强大力量，为坚定不移地走中国特色强军之路，实现党在新形势下的强军目标提供坚强思想和组织保证。

一、搞好军队党的建设是军队建设发展的核心问题

现在，党的建设面临的社会条件、党员队伍成分结构都发生了深刻变化，要继承我军党建工作优良传统，也要推进新形势下

---

[1]《不断提高军队党的建设科学化水平，为坚定不移地走中国特色强军之路，实现强军目标提供坚强思想和组织保证》，载于《人民日报》2013年11月7日。

军队党的建设创新发展。

（一）军队党的建设的首要任务是确保党对军队的绝对领导

军队党的建设的首要任务是确保党对军队的绝对领导，这也是对军队党的建设的根本要求。我军之所以能够战胜各种艰难困苦、不断从胜利走向胜利，最根本的就是坚定不移听党话、跟党走。这是我军的命脉所在，永远不能变，永远不能丢。要坚持不懈用党的创新理论武装官兵，毫不动摇坚持党对军队绝对领导的根本原则和制度，认真贯彻落实军委主席负责制，确保全军在任何时候任何情况下都坚决听从党中央、中央军委指挥。

（二）军队党的建设必须紧紧围绕能打仗、打胜仗来展开

军队党的建设必须紧紧围绕能打仗、打胜仗来展开，成为部队战斗力的增强剂和功放器。要强化战斗队思想，把战斗力标准贯彻到军队党的建设各个方面，加强各级党组织能力建设，造就高素质干部队伍，发挥党委领导核心作用、党支部战斗堡垒作用、党员先锋模范作用，团结带领广大官兵坚决完成党和人民赋予的光荣使命。

（三）加强军队党的建设关键是严守政治纪律和政治规矩

严守政治纪律和政治规矩是头等大事。党的纪律是多方面的，但政治纪律是最重要、最根本、最关键的纪律。政治纪律是各级党组织和全体党员在政治方向、政治立场、政治言论、政治行为方面必须遵守的规矩。遵守政治纪律和政治规矩，重点要做到：必须维护党中央权威，决不允许背离党中央要求另搞一套；必须维护党的团结，决不允许在党内培植私人势力；必须遵循组织程序，决不允许擅作主张、我行我素；必须服从组织决定，决不允许搞非组织活动；必须管好亲属和身边工作人员，决不允许他们擅权干政、谋取私利。

严明政治纪律和政治规矩要从遵守和维护党章入手。毛泽东说，路线是"王道"，纪律是"霸道"，这两者都不可少。①如果党的政治纪律成了摆设，就会形成"破窗效应"，使党的章程、原则、制度、部署丧失严肃性和权威性。严明政治纪律和政治规矩要从遵守和维护党章入手。党章是我们党的总章程、总规矩，是全党必须遵守的根本行为规范。要尊崇党章，自觉学习党章、遵守党章、贯彻党章、维护党章，牢固树立党章意识，自觉用党章规范自己的一言一行，在任何情况下都要做到政治信仰不变、政治立场不移、政治方向不偏。

严守政治纪律和政治规矩必须高标准、严要求。军队守纪律首要的是遵守政治纪律、守规矩首要的是遵守政治规矩，并且标准要更高、要求要更严。加强请示报告制度，该请示的必须请示，该报告的必须报告，重大事项决不允许事前不请示、事后不报告，搞先斩后奏、边斩边奏，甚至斩而不奏。决定了的事情必须坚决贯彻执行，不得搞变通、打折扣，尤其不允许自作主张、自行其是。摆正个人和组织的关系，该以组织名义出面的就不要以个人名义出面，该集体研究决定的个人就不要随意表态同意，也不要固执己见、听不进不同意见、听不进多数人的意见，一旦组织作出决定，个人必须坚决服从，不能搞非组织行为。遵守政治纪律和政治规矩要成为全军特别是领导干部的自觉行动，任何人不得越过政治纪律、政治规矩的红线，越过了就是大忌，就要付出代价。

（四）军队党的建设必须努力走在全党前列

党要管党、从严治党，是党的建设的一贯要求和根本方针。全面从严治党，核心是加强党的领导，基础在全面，关键在严，要害在治。我军是执行党的政治任务的武装集团，军队党的建设

---

① 《反对主观主义和宗派主义》，《毛泽东文集》第2卷，人民出版社1996年版。

必须高标准、严要求，努力走在全党前列。要坚持在思想教育上从严，在贯彻党章和党的制度上从严，在遵守党的纪律上从严，在干部教育管理上从严，贯彻民主集中制，用好批评和自我批评这个有力武器，把纪律和规矩挺在前面，从严教育管理党员特别是党员领导干部，锲而不舍抓好作风建设，旗帜鲜明反对腐败。

二、增强党内生活的政治性、时代性、原则性、战斗性

习主席强调指出："新形势下加强和规范党内政治生活，要着力增强党内政治生活的政治性、时代性、原则性、战斗性。"[①] 这一要求，充分体现了我们党作为马克思主义政党的本质属性，抓住了加强和规范党内政治生活的关键，立起了重塑党内政治生态的标准。

（一）政治性是党的第一属性，增强党内生活的政治性

习主席指出，增强党内政治生活的政治性，就是党内政治生活要把握坚定正确的政治方向，引导党员、干部自觉维护党中央权威、维护党的团结和集中统一。[②] 方向就是目标，方向就是纲领。坚定正确的政治方向集中反映了党的政治主张，是党举什么旗，走什么路，采取什么方针政策的集中表达，是党昭示于天下的政治宣言。坚决维护党中央权威、维护党的核心、保证全党令行禁止，是党和国家前途命运所系，是全国各族人民根本利益所在。全党必须牢固树立政治意识、大局意识、核心意识、看齐意识，自觉在思想上、政治上、行动上同党中央、中央军委和习主席保持

[①②]《以解决突出问题为突破口和主抓手，推动党的十八届六中全会精神落到实处》，载于《人民日报》2017年2月14日。

高度一致。每一个党的组织、每一名党员干部，都要服从党中央集中统一领导，确保党中央政令畅通。

党内生活是锻炼党性、提高思想觉悟的熔炉。如果炉子长期不生火，或者生了火却没有足够的温度，那是炼不出钢来的。事实表明，党内生活松一寸，党员队伍就散一尺。党员、干部只有在严格的党内生活中反复锻炼，才能坚强党性、百炼成钢。要增强党内生活的政治性、原则性、战斗性，坚决反对党内生活好人主义和庸俗化倾向，把从严治党落到实处。

（二）时代性是党的活力之源，增强党内生活的时代性

习主席指出，增强党内政治生活的时代性，就是党内政治生活要紧跟时代步伐、聆听时代声音、回答时代课题，及时发现和解决党内出现的新问题，使党内政治生活始终充满活力。① 当今世界正处在一个加快演变的历史进程中，全球治理体系深刻变革，不同制度模式、发展道路深层较量和博弈加剧。当代中国正处于全面建成小康社会的决胜阶段，中华民族正处于走向伟大复兴的关键时期。面对风云变幻的国际形势和繁重艰巨的国内发展任务，党肩负着历史重任，经受着时代考验，客观上要求党内政治生活紧扣时代脉搏，解决新问题，展现新风貌。这就要求我们始终保持永远在路上的清醒和自觉，以更大的决心、更大的力度推进全面从严治党，丝毫不动摇，一刻不放松。

（三）原则性是党的基本规范，增强党内生活的原则性

习主席指出，增强党内政治生活的原则性，就是党内政治生活要坚持党的思想原则、政治原则、组织原则、工作原则，按原

---

① 《以解决突出问题为突破口和主抓手，推动党的十八届六中全会精神落到实处》，载于《人民日报》2017年2月14日。

则处理党内各种关系，按原则解决党内矛盾和问题。① 党的思想原则是管灵魂的，就是要坚持马克思主义信仰，坚定共产主义远大理想和中国特色社会主义共同理想，坚持用马克思主义和党的创新理论武装头脑，坚持解放思想、实事求是、与时俱进、求真务实的思想路线。党的政治原则是管方向的，就是要坚决维护党中央权威、维护核心、维护和贯彻军委主席负责制，严格遵守党的政治纪律和政治规矩，始终保持党同人民群众的血肉联系。党的组织原则是管队伍的，就是要坚持民主集中制原则，发扬党内民主和保障党员权利，坚持正确选人用人导向，严格党的组织生活制度，切实开展批评和自我批评。党的工作原则是管方法的，就是要加强对权力运行的制约和监督，形成有权必有责、用权必担责、滥权必追责的制度安排，增强法治意识、弘扬法治精神，自觉按法定权限、规则、程序办事。"木受绳则直，金就砺则利。"把原则性贯穿于党内政治生活全过程，就能营造风清气正的政治生态，确保党始终成为中国特色社会主义事业的坚强领导核心。

严肃党内生活，最根本的是认真执行党的民主集中制，着力解决发扬民主不够、正确集中不够、严肃纪律不够等问题。要加强民主集中制的教育培训，熟悉民主集中制的规矩，懂得民主集中制的方法。坚持集体领导，发扬党内民主，严格按照程序办事，按照规则办事，按照集体意志办事。正确处理组织意图和领导个人意图的关系，不能把个人意见强加给集体、强加给组织，不能用个人决定代替组织决定，坚决反对和防止个人或少数人专断。

（四）战斗性是党的优秀品格，增强党内生活的战斗性

习主席指出，增强党内政治生活的战斗性，就是党内政治生

---

① 《以解决突出问题为突破口和主抓手，推动党的十八届六中全会精神落到实处》，载于《人民日报》2017年2月14日。

活要旗帜鲜明坚持真理、修正错误,勇于开展批评和自我批评,使每个党组织都成为激浊扬清的战斗堡垒,使每个党员都成为扶正祛邪的战斗员。① 敢于捍卫真理、勇于积极斗争是共产党员党性的集中体现。面对新形势、新挑战、新任务,如果缺乏斗争精神,畏首畏尾,犹疑不定,不仅什么大事也难以推动、什么风险也难以应对,而且会贻误时机。我们党在长期实践中,在同各种错误路线、错误思想倾向的斗争中,逐步树立的批评和自我批评的优良作风,是我们党克敌制胜、保持先进性和纯洁性的重要法宝,也是开展党内政治生活有力武器。领导和机关要有容得批评的雅量,遵循言者无罪、闻者足戒、有则改之、无则加勉的原则,营造又有集中又有民主,又有纪律又有自由,又有统一意志又有个人心情舒畅、生动活泼的政治局面。

批评和自我批评是解决党内矛盾的有力武器,也是清除党内各种政治灰尘和政治微生物的有力武器。党内政治生活质量在相当程度上取决于这个武器用得怎么样。都不敢批评,都不愿自我批评,问题就会越积越多,矛盾就会越拖越深,最后病入膏肓就成了不治之症。开展积极健康的思想斗争,自我批评要一日三省,相互批评要随时随地,坚决反对庸俗化、随意化、平淡化倾向,坚决反对自由主义、好人主义。批评和自我批评这个武器,要大胆使用、经常使用、用够用好,使之成为一种习惯、一种自觉、一种责任,成为党内生活的常态,使这个武器越用越灵、越用越有效果。通过开展批评和自我批评,增进掏心见胆、并肩奋斗的真正的团结,让班子成员心情舒畅开展工作,把心思和精力更好集中到干事创业上。

党的力量来自组织,组织能使力量倍增,组织严密是党的光荣传统和独特优势。加强党委班子建设,优化组织结构,完善制

---

① 《以解决突出问题为突破口和主抓手,推动党的十八届六中全会精神落到实处》,载于《人民日报》2017年2月14日。

度机制，提高科学决策、民主决策、依法决策水平，把各级党委建设成为实现党对军队绝对领导、团结巩固部队和完成各项任务的坚强领导核心。要抓好基层党组织建设，强化组织功能，真正发挥战斗堡垒作用。党员是党的肌体的细胞，要时刻用党章的标准要求自己，发挥先锋模范作用。

三、建设能够担当强军重任的高素质干部队伍

实现强军目标，必须有一大批高素质、敢担当的建军治军骨干。谋全局、抓大事，很关键的是要把干部队伍建设这件关系军队建设全局、关系未来战争胜负的大事抓好。要把干部队伍建设作为一项战略任务来抓，坚持正确选人用人导向，实施人才强军战略，使干部队伍整体水平有一个质的跃升。

（一）军队好干部是有明确标准的

选人用人首先要明确标准。军队好干部应该是个什么标准？就是要做到对党忠诚、善谋打仗、敢于担当、实绩突出、清正廉洁。这五条是原则性要求，还要根据不同类型、不同岗位、不同职级干部情况具体化。战争年代，看一个干部能力怎么样，主要看在战场上的表现，考验很直接、很直白。和平时期，考验干部就不那么容易了。要完善干部考核评价体系，特别是要把对德的考核具体化，重点考察贯彻执行党中央、中央军委决策指示的表现，考察在一些重大原则问题上的立场，考察带领部队完成急难险重任务的情况，考察对待名利得失的态度。逐步建立和实行我军干部任职资格制度，让干部能力、实绩等客观因素在选人用人中起主导作用，使对干部的基本评价不因某个人一时一事的看法而改变，也不因单位领导的更替而改变，以利于激励干部把心思精力用在干事创业上。

军队高中级干部要有政治头脑、军事头脑、科技头脑。世界军事技术领域发展这么快，我军改革发展幅度这么大，不学习、不进步，肯定跟不上。要有本领恐慌，加快知识更新、优化知识结构，打牢履职尽责的素质基础。一名优秀领导干部必须经过多领域、多层次、多岗位锻炼。要拓宽干部交流的路子，使部队、机关、院校干部良性流动，在多岗位实践中成长成才。

（二）坚持党管干部集体决策

把好干部选出来、任用好。党管干部、组织选人，这是选用干部的基本原则，要规范党委、领导和政治机关在选人用人中的权责，发挥政治机关在组织考核和提名推荐干部中的主体作用。要研究和提出干部工作贯彻民主集中制原则的有效办法，坚持党管干部集体决策。加强和改进后备干部工作，建立健全培养锻炼、适时使用、定期调整、有进有退的机制。高度重视培养选拔优秀年轻干部，坚持"老中青"相结合的传统，不能简单以年龄划线，合理使用各年龄段干部，形成梯次配备合理的干部队伍结构，把优秀人才及时发现出来，把优秀干部用起来，把各个年龄段干部积极性调动起来。

（三）端正选人用人导向，匡正选人用人风气

用人导向是最根本的导向，吏治腐败是最大的腐败。坚持德才兼备、以德为先，坚持五湖四海、任人唯贤，树立注重基层的导向、注重实干的导向、注重官兵公认的导向，增强选人用人的科学性、准确性、公信度。严格按原则、按政策、按规矩、按程序选用干部，坚决反对任人唯亲，反对找关系、跑门路，反对打招呼、递条子，反对一切形式的跑官要官、买官卖官。坚持大范围遴选交流干部，坚决防止和克服本位主义，防止和克服搞"小山头""小团体"。完善选人用人监督制约和责任追究机制，坚决解决问题发现难、偏差纠治难、责任追究难的问题。对大案要

案牵出的买官卖官线索要一查到底,不仅要查卖官的,还要查买官的,不仅要拔出"萝卜",还要洗去"泥",进一步纯洁干部队伍。

四、坚定不移实现军队作风根本好转

党的十八大以来,党中央、中央军委以作风建设为切入点从严管党治党,贯彻中央八项规定精神,制定和落实军委加强自身作风建设十项规定,在全军部署开展"学习贯彻党章、弘扬优良作风"教育活动、党的群众路线教育实践活动、"三严三实"专题教育整顿,开展干部、财务等专项整治,一环扣一环抓下来,军队作风建设取得重大阶段性成效,激活了强军兴军的强大正能量。

(一)持续深入纠治形式主义、官僚主义、享乐主义和奢靡之风

经过党的群众路线教育实践活动和"三严三实"专题教育整顿,"四风"问题有所收敛,但并没有绝迹,不正之风树倒根存,有的还在变换花样。其中有腐朽思想文化影响、长期行为惯性、制度机制不够完善等方面原因,但更多的还是认识不到位、态度不端正、决心不彻底,没有形成思想自觉和行动自觉。"四风"问题是当前作风问题的集中表现,也是其他许多问题和弊端的源头。不坚决抑制"四风"问题,就会严重影响人民军队的性质、宗旨、本色,严重危害军队现代化建设和军事斗争准备,严重阻碍部队战斗力提高,严重破坏军队团结统一。"四风"是顽症痼疾,纠治"四风"要"宜将剩勇追穷寇",着力在纠治官兵反映强烈的突出问题上见到成效,在解决深层次矛盾和问题上见到成效,在构建规范化、制度化的长效机制上见到成效。"四

风"问题对领导干部腐蚀性最强,发生在士兵身边的不正之风对广大官兵杀伤力最大。要坚持从思想根子上抓起,点亮党员、干部心中的明灯,解决好如何做人、为什么入党、为谁当官的问题。下大气力整治发生在士兵身边的不正之风,解决服务基层、服务官兵不到位的问题。把从严要求贯穿始终,把上下联动贯穿始终,把解决问题贯穿始终,防止反弹回潮。

(二)用践行"三严三实"实现军队作风根本好转

严以修身、严以用权、严以律己,谋事要实、创业要实、做人要实,是共产党人最基本的政治品格和做人准则。严以修身,就是要加强党性修养,坚定理想信念,提升道德境界,追求高尚情操,自觉远离低级趣味,自觉抵制歪风邪气。严以用权,就是要坚持用权为民,按规则、按制度行使权力,把权力关进制度的笼子里,任何时候都不搞特权、不以权谋私。严以律己,就是要心存敬畏、手握戒尺,慎独慎微、勤于自省,遵守党纪国法,做到为政清廉。谋事要实,就是要从实际出发谋划事业和工作,使点子、政策、方案符合实际情况、符合客观规律、符合科学精神,不好高骛远,不脱离实际。创业要实,就是要脚踏实地、真抓实干,敢于担当责任,勇于直面矛盾,善于解决问题,努力创造经得起实践、人民、历史检验的实绩。做人要实,就是要对党、对组织、对人民、对同志忠诚老实,做老实人、说老实话、干老实事,襟怀坦白,公道正派。

践行"三严三实",必须做到"五个更加自觉"。一是在向党看齐上要更加自觉。旗帜鲜明维护党中央权威,守住政治底线,任何时候任何情况下决不动摇。吸取周永康、薄熙来、令计划等人案件深刻教训,更要吸取郭伯雄、徐才厚等人案件的深刻教训。对郭伯雄、徐才厚案件流毒影响,要持续深入肃清,切实做到风清弊绝、海晏河清。二是在把握大局上要更加自觉。把认识大局、把握大局、服从大局摆在第一位,讲党和国家工作大局，讲深化国防和军队改革大局，讲军队工作大局，同党中央坐到一条板凳上，还要坐好了、坐稳了、坐端正了，坐高了、坐低了、坐歪了都不行。三是在敢抓敢管上要更加自觉。敢作敢为、敢作敢当，发扬共产党人最讲认真的精神，兢兢业业把担负的职责履行好，做到敢字当头，敢于啃硬骨头，敢于解决老大难问题；强化打赢的政治担当，努力成为谋划打仗、指挥打仗的行家里手；敢于碰硬茬子、捅马蜂窝、摸老虎屁股，坚决惩治腐败分子。四是在开拓创新上要更加自觉。睁大眼睛观察当今世界、看当代中国，努力学习新知识、研究新情况、解决新问题，使自己的思想观念、思维方式、工作方法不断与时俱进。五是在廉洁自律上要更加自觉。"三严三实"是一种作风、一种精神，也是一个标准、一个境界。现在，方方面面诱惑很多，高级干部面临的诱惑更多，很容易成为被"围猎"的对象。要有很强的自律意识，强化自我修炼、自我约束、自我塑造，坚持公正用权、谨慎用权、依法用权，坚持交往有原则、有界限、有规矩，自觉接受监督，乐于接受监督，防止和克服特权思想，不搞特殊化。

（三）着力抓好高中级干部管理

习主席在 2012 年 11 月中央军委常务会议上提出"七个始终"：始终坚持从思想上、政治上建设军队，始终关注和研究重大战略问题，始终以改革创新精神开拓前进，始终维护和增进军委班子团结，始终保持我党我军光荣传统和优良作风，始终做到清廉自律、不搞特殊化，始终做到勤于学习、善于学习。[1] 在 2013 年中央军委专题民主生活会上提出"五个做到"：做到听党指挥、政治坚定，做到善谋打仗、能打胜仗，做到开拓进取、改

---

[1] 《把党的政治优势和组织优势转化为军队制胜优势》，载于《解放军报》2016 年 5 月 30 日。

革创新，做到求真务实、真抓实干，做到廉洁自律、风清气正。① 在 2014 年中央军委专题民主生活会上提出"六个进一步严起来实起来"：军委学习要进一步严起来实起来，政治纪律、政治规矩要进一步严起来实起来，军委工作制度要进一步严起来实起来，党管干部要进一步严起来实起来，党内政治生活要进一步严起来实起来，廉洁自律要进一步严起来实起来。②

军队要像军队的样子，很重要的就要体现在高中级干部身上。领导干部的一言一行、一举一动，无形中都是在营造一种风气、提倡一种追求、引导一种方向。改作风、正风气，各级党委和领导既是组织者也是参与者，要把自己摆进去，从自身严起，从现在改起，从小事抓起，一级抓一级，一级带一级，勇于向自身开刀，勇于自我清洗，勇于刮骨疗伤，不能手电筒只照别人不照自己、只抓下级不抓自身，用实际行动为部队做好样子。着力抓好高中级干部管理，强化党组织管班子、管干部的功能，以严的要求、严的措施、严的纪律管理约束干部。马克思主义是共产党人的"真经"，党性教育是共产党人的"心学"，要加强党的理论教育和党性教育，坚守共产党人的政治灵魂。以郭伯雄、徐才厚等案件为反面教材开展警示教育，使各级干部特别是高级干部受警醒、明底线、知敬畏。

（四）作风建设永远在路上

作风建设是个永恒课题，永远在路上。作风问题具有顽固性、反复性，形成优良作风不可能一劳永逸，克服不良作风也不可能一蹴而就。要保持战略定力，锲而不舍抓下去，不松劲、不松手、不松气，以愚公移山精神，在抓常、抓细、抓长上下功夫，做到善始善终、善作善成。坚持立破并举、扶正祛邪，一个

---

①② 《把党的政治优势和组织优势转化为军队制胜优势》，载于《解放军报》2016 年 5 月 30 日。

问题一个问题去攻坚克难,以燕子垒窝的恒劲、蚂蚁啃骨的韧劲、老牛爬坡的拼劲,坚持不懈,积小胜为大胜。抓作风建设,集中教育整顿是有必要的,但根本上还是要靠制度。没有制度保证,改进作风的成果最后也保不住。要推动作风建设常态化、长效化,注重从制度机制上解决问题,增强建章立制工作的针对性和操作性,为作风建设形成长效化保障。

要管住管好亲属子女和身边工作人员,培育良好家风。"积善之家必有余庆,积不善之家必有余殃。"仔细看一看"家"和"冢"这两个字,它们很像,区别就在于那个"点"摆在什么位置。对家属子女要求高一点才能成为幸福之家,低一点就可能葬送一个好家庭。大量腐败案例表明,很多人什么关都能过,生死关也能过,但亲情关过不去,最后栽在了这个问题上。对家里那点事,要多操点心,多听听各方面反映,有了问题要敢抓敢管,再难也要硬起头皮来管,一要管住,二要管好。

五、绝不让腐败分子在军队有藏身之地

军队是拿枪杆子的,出了腐败分子,不仅严重损害人民军队形象,也会给部队士气造成严重伤害。党的十八大以来,党中央、中央军委坚定不移反对和惩治腐败,坚持无禁区、全覆盖、零容忍,取得重大阶段性成效,不敢腐的氛围正在形成,不能腐、不想腐的工作正在深化。同时,反腐败斗争形势依然严峻复杂,减存量、遏增量任务依然艰巨。反腐败斗争绝对不能松、不能退、不能让,不获全胜,绝不收兵。要以踏石留印、抓铁有痕的精神持之以恒抓下去,强化政治定力,保持高压态势,深化标本兼治,不断压缩腐败现象生存空间,确保反腐败斗争取得压倒性胜利,营造政治上的绿水青山。

(一) 坚决遏制腐败现象蔓延势头

旗帜鲜明反对腐败，坚持有腐必反、有贪必肃，坚决破除"军队特殊论"，做到零容忍的态度不变，猛药去疴的决心不减，刮骨疗毒的勇气不泄，严厉惩处的尺度不松，保持反腐倡廉常抓不懈、拒腐防变警钟长鸣。坚持利剑高悬，出重拳、动真格，对一切违反党纪国法军纪的行为都必须严惩不贷，决不姑息、决不手软，不论涉及谁，都要一查到底。把反腐败斗争引向深入，千万不能养痈遗患。要加大查案惩腐力度，重点查处政治问题和腐败问题交织、党的十八大后不收敛不收手、问题线索反映集中、群众反映强烈、现在重要岗位且可能还要提拔使用的领导干部。群众对"近在眼前"嗡嗡乱飞的"蝇贪"感受更为真切，"微腐败"也可能成为"大祸害"。要坚持"老虎""苍蝇"一起打，认真纠正和严肃查处基层贪腐，维护官兵切身利益，让官兵更多感受到反腐倡廉的实际成果，看到正风反腐的正能量。

(二) 各级党委要担负起党风廉政建设和反腐败斗争主体责任

现在，有的单位和领导对腐败问题不敢查、不想查、不真查，想捂着、盖着、拖着，最后拖个不了了之。这种态度是不负责任的，也是错误的。各级党委对党风廉政建设负有全面领导责任，书记、副书记是第一责任人。要严格落实责任制，坚持有责必问、问责必严，对重大腐败案件既要严肃惩处当事人，也要倒查相关领导责任。对那些不抓党风廉政建设、严重失职的党委主要领导，该批评的要批评，该调整的要调整，该惩戒的要惩戒，解决好板子打不到具体人身上的问题。

(三) 纪检、巡视、审计部门要强化监督执纪问责

坚持原则，敢于碰硬，加强监督，突出关键领域、关键岗位、关键少数，突出各级主官。开展巡视工作，对深入推进军队

党风廉政建设和反腐败斗争具有重要意义。进一步加强和改进巡视工作，努力实现全覆盖，形成强大震慑效应。加大审计监督力度，抓好重点领域、重大项目、重要资金的审计监督，严格领导干部经济责任审计。军队纪检、巡视、审计、司法等相关部门要加强协同配合，努力形成反腐败的严密网络体系。

六、军队党内监督的全新实践

2016年5月，军委纪委10个派驻纪检组，相继进驻军委机关部门和各战区，掀开了军队党内监督工作历史性的一页。这是习主席和中央军委作出的重大决策。这是军队党内监督的全新实践。领袖嘱托引领方向，责任使命砥砺前行。派驻纪检组坚决贯彻习主席和中央军委决策部署，充分发挥"派"的权威和"驻"的优势，忠实履行监督执纪问责职责，为军队反腐败斗争形成压倒性态势写下生动注脚。

（一）走好正风反腐这手"重棋"

实行派驻监督，是习主席在领导推动改革强军伟大事业中，深入推进军队党风廉政建设和反腐败斗争的一手"重棋"。军委对派驻监督工作高度重视、极为关注。从组建、进驻到开展工作，每一步都给予了坚强有力的领导指导。习主席和军委领导亲自审定派驻纪检组设置方案，审批派驻纪检组机构编成、职责任务，作出重要指示和批示，保证了派驻监督工作顺利开局、稳步推进。筹备期间，要求严格按照军队好干部"五条标准"，选准配强派驻组领导，从全军范围遴选派驻干部。进驻前，军委领导专门会见全体派驻干部，勉励大家牢记习主席期望重托，强化责任担当。工作中，经常了解派驻组建设情况，多次对加强派驻监督工作提出要求。

军委纪委认真贯彻习主席和中央军委重要指示精神，把抓好派驻纪检组工作和建设作为党委常抓常议、机关服务指导的一个重点，摆到位、谋到位、抓到位。为确保起好步、开好局，军委纪委多次召开党委会，深刻领悟组建派驻纪检组的深远战略考量和政治意蕴，研究派驻监督工作的特点规律。在学习借鉴中央纪委派驻机构经验基础上，制定加强军委纪委派驻纪检组建设的指导文件，明确职能任务、职责权限、工作程序、建设标准。

派驻纪检组一组建，就以"知使命、明职责、勇担当"为主题，专门集中时间组织全体派驻干部培训，深入学习习主席系列重要讲话精神、学习党章党规，围绕开展监督执纪问责搞好业务解析、研讨交流，一开始就立起旗帜引领、明晰职责任务、树好标准规范。"进驻见面会"是派驻组履职第一步，军委纪委领导逐一参加，帮助他们启程"上马"。机关加强与派驻组的联系指导，每月跟踪了解情况，搞好纪检监察、案件审理、巡视等业务对接，及时研究解决矛盾问题。

派驻纪检组认真落实"打铁还需自身硬"要求，自觉做到思想教育从严、工作秩序从严、遵章守纪从严、培塑作风从严。"我们监督别人，无数双眼睛也在盯着我们。自身很干净、很清爽，工作才有底气、很硬气。"这成为派驻干部的共同心声。驻军委办公厅、驻西部战区、驻中部战区纪检组对组织生活、财物管理、对外交往等作出具体规范。驻东部战区纪检组干部入住公寓房前，如数支付战区保障部门为个人准备的生活用品开支，主动取回水、电、燃气卡，按时足额缴纳费用。

派驻监督制度的实行，受到部队普遍欢迎和官兵"点赞"。一些官兵在军委纪委网留言：派驻组来了，监督更权威、更有力了，我们对正风反腐充满信心。有的战区领导说，派驻纪检组一来，就立起崭新形象、带来新风正气，不愧为军委纪委的"代表队"。

（二）擦亮抵近监督高清"探头"

唯有充分履责尽责，"派"的权威才有权威，"驻"的优势才成优势。

各派驻纪检组坚决贯彻习主席"聚焦党风廉政建设和反腐败主业，强化监督执纪问责"的重要指示，为党尽责不懈怠、秉公执纪不徇私，努力成为"常驻不走的巡视组"。

（1）突出政治监督。各派驻组坚持把维护政治纪律、政治规矩作为首责，重点检查驻在部门党委班子及其成员遵守党章党规党纪、执行党的路线方针政策决议和中央军委命令指示等情况，确保坚持党的领导、加强党的建设、全面从严治党。通过参加学习讨论看思想认识，通过了解决策部署看贯彻力度，通过观察解决问题看定力担当，督促驻在部门和单位经常、主动、坚决向习主席看齐，确保部队忠诚核心、拥戴核心、维护核心。驻军委联合参谋部、驻南部战区纪检组与驻在部门共同研究贯彻落实军委主席负责制"三项机制"的具体措施，确保在请示报告、督促检查、信息服务上更加自觉有力高效。

围绕打好肃清郭伯雄、徐才厚案件流毒影响"两项清理"攻坚战，各派驻组督促驻在部门和单位严格标准要求，走实各项"规定动作"；会同搞好干部政治考察，掌握真实情况、查实问题线索；全程参加专题民主生活会，督促班子成员"交明白账"。

确保选好人用对人，是政治监督的重要方面。各派驻组普遍建立师以上领导干部廉政档案，突出领导干部廉洁审核，严格搞好选人用人监督。驻军委国防动员部纪检组先后对27批次、1 130多名正师职以上干部任免、晋衔等进行党风廉洁审核，对政治上有问题、廉洁上有硬伤的坚决卡住。

（2）着力查案惩腐。各派驻组积极当好查办违纪违规问题的"铁拳头"。一年来，仅核查处理军委纪委交办、巡视与审计移交的问题线索，就达40余件。

为摸清驻在部门和单位廉政底数，派驻组一进驻就瞪大眼睛、伸长耳朵，延伸监督监察触角。第一时间公布举报电话、设立举报信箱，普遍与师以上干部谈话，还走访了相关部门和单位。驻军委后勤保障部纪检组专门制作下发"廉政监督卡"，每位官兵、职工人手一份。

对信访举报、明察暗访发现的重点问题线索，各派驻组坚持主动出击、稳妥处置。驻军委训练管理部纪检组对收到的多封举报信，逐一严格核查处理。有的派驻组还建立了问题线索专人管理、集体排查、定期分析、分类处置等制度，保证线索不遗漏、问题不放过。

为防止和纠正"大事化小""摆平抹平"等问题，派驻组充分发挥"监督的再监督"作用。对驻在部门和单位已经查结的问题线索，只要有举报反映，都高度重视，该重新核查的认真"回炉"，使违纪违法人员受惩处，失职失责人员被追责。

（3）严格纠风治弊。各派驻纪检组将纠"四风"、正风气作为经常性工作，紧紧抓在手上，牢牢盯住不放。

针对公款吃喝、私客公待、公车私用等易反弹的问题，派驻组经常到内部招待所、地方旅游景点和酒店、机关部门和直属单位明察暗访。紧盯权力集中、资源集拢、经费集聚的部门和单位，严查重点行业领域不正之风。驻军委后勤保障部纪检组先后查访21个直附属单位，发现问题线索11起。驻战区纪检组把训风演风考风监督监察突出出来，普遍注重检查抽查党委议战议训、部队值班备勤等制度落实情况，全程监督联演联训活动，努力提升对战斗力建设的贡献率。

（三）激活派驻制度潜能"因子"

军队派驻监督是个新课题。派驻以来，派驻纪检组行进间换挡加油、组建中提速增效，在积极适应新体制、履行新职能、担当新使命上，交出了一份成绩不俗的答卷。

面对监督对象多、覆盖领域广、人少事多的现实矛盾，面对运行机制不完善、开展监督工作有难度的挑战考验，军委纪委领导机关和派驻组坚持以习主席全面从严治党、深化正风反腐重大战略思想为指引，坚定笃行、深挖潜能，积极推动"二次创新"，焕发了军队纪检监察体制改革的巨大制度优势。

1. 把准派驻职能，厘清角色定位、职责权限。

各派驻组深入学习领会习主席和中央军委决策指示，边研究、边实践、边总结，切实把准身份定位、工作定位、职责定位。围绕监督与被监督、指导与被指导，向驻在部门和单位党委领导介绍职责权限，与纪委交换意见，明晰工作界面，形成协力推进管党治党的共识。

"我们是军委纪委的派驻机构，不是驻在部门的内设机构；干的是党内监督，不是业务监督。"这样的认识，通过"我是谁、该干啥、怎么干"讨论，在派驻干部中愈加清晰。

2. 彰显派驻权威，对"关键少数"敢管真管。

驻在部门和单位党委班子及正师职以上领导干部，是派驻监督的重点。如何对高职级的"关键少数"进行有效监督？各派驻组严格按照相关规定，深入权力内部、决策核心，准确掌握领导干部理论学习、执行政策、贯彻指示等情况。各派驻组组长一年来列席驻在部门和单位党委常委会普遍在20次以上，定期面对面交流、调阅核查领导干部个人有关事项报告，及时把控廉政风险点。有的还请机关干部和基层官兵对"关键少数"进行"廉政画像"，对群众有反映的及时"咬耳扯袖"。

对"关键少数"的监督，关键在"敢"。派驻组不因为监督对象职级高而畏葸不前，用好"尚方宝剑"，当好"八府巡按"，该检查的检查、该提醒的提醒、该听汇报的听汇报、该向上报告的向上报告。驻在部门许多同志说，派驻组来了以后，"大家都有一种利剑高悬之感"。

3. 发挥派驻优势，坚持常介入、真进入、深融入。

"如果我们不走出办公楼，只靠听汇报、看材料、打电话了解情况，就失去了'驻'的意义。"各派驻组对选人用人、好人主义、小圈子小山头等不易监督的问题，不仅看使用干部实名推荐、民主测评情况，还主动"贴近""走进"官兵，从群众的议论甚至"牢骚"中看端倪。驻战区纪检组干部坚持现身指挥所、深入训练场，从会议看议训质量、从现场看演训作风、从弹药消耗看实训落实，积极探索监督训风演风考风的方法路子。

4. 提升派驻效能，着力打通监督链条、形成监督合力。

与驻在部门和单位纪委、同一方向其他监督力量能不能同心协力、同向发力，对提升派驻监督效能至关重要。各派驻组普遍与纪委建立工作协调、情况通报、意见反馈等机制，画好党内监督的"同心圆"。与巡视、政法、审计等监督力量积极沟通协调，互通信息情报，确保发现更及时、查处更精准。

第十章

在更广范围、更高层次、更深程度上推进军民融合

军民融合发展作为一项国家战略,关乎国家安全和发展全局,既是兴国之举,又是强军之策。把军民融合发展上升为国家战略,是我们长期探索经济建设和国防建设协调发展规律的重大成果,是从国家安全和发展战略全局出发作出的重大决策。在坚定不移地走中国特色强军路上,必须同心协力做好军民融合发展这篇大文章,加快形成全要素、多领域、高效益的军民深度融合发展格局。

一、军民融合发展是兴国强军的国家战略

坚定不移地走中国特色强军之路,对军民融合发展提出了新的要求。军事战略方针明确提出积极经略海洋、太空、网络空间,这同党中央提出的建设海洋强国、航天强国、网络强国的目标高度一致。要把这些领域作为军民融合的重点突出出来,抢占经济、科技、军事竞争制高点,夺取未来战争主动权。

(一)我们党不断深化对推进经济建设和国防建设协调发展规律的认识

正确认识和处理经济建设和国防建设的关系,是社会主义现

代化建设必须正确认识和处理的重大课题。新中国成立60多年来，我们党始终高度重视、艰苦探索，不断深化对推进经济建设和国防建设协调发展规律的认识。毛泽东早就指出："中国必须建立强大的国防军，必须建立强大的经济力量，这是两件大事。"邓小平提出要走"军民结合，平战结合，军品优先，以民养军"的道路。江泽民强调："我国现代化建设的一条重要经验，就是坚持国防建设与经济建设协调发展的方针，在经济发展的基础上推进国防和军队现代化。"胡锦涛提出要"走出一条中国特色军民融合式发展路子"。党的十八大以来，习主席着眼实现中国梦、强军梦，提出深入实施军民融合发展战略，并作为一项国家战略加以推进，为新形势下实现富国和强军统一指明了前进方向。①

（二）富国才能强兵，强兵才能卫国

经济建设是国防建设的基本依托，只有国家经济实力增强了，国防建设才能有更大发展。国防建设是我国现代化建设的战略任务，只有把国防建设搞上去了，经济建设才能有更加坚强的安全保障，同时加强国防建设对经济社会发展也具有重要拉动作用。实践反复证明，经济建设和国防建设的关系处理不好，就会走弯路、吃苦头。我们既不能走历史上有些朝代文盛武衰、国富兵弱的老路，也不能走当今世界有些国家穷兵黩武、搞军备竞赛最终拖垮国家的邪路。经过新中国成立60多年特别是改革开放近40年来的发展，我国经济总量跃居世界第二，综合国力显著增强，这为建设巩固国防和强大军队奠定了雄厚物质基础。要抓住这个难得的历史机遇，同全面建成小康社会进程相一致，全面推进国防和军队建设。

我国正处在由大向强发展的关键阶段。随着我国经济总量、

---

① 《形成全要素多领域高效益的军民深度融合发展格局》，载于《解放军报》2016年5月31日。

第十章　在更广范围、更高层次、更深程度上推进军民融合

综合实力不断上升，各种可以预见和难以预见的风险和挑战也在不断增多。我们发展得越快，对外部的影响冲击就越大，受到的战略反弹力就越强。这就要求我们必须在国家总体战略中兼顾发展和安全，科学统筹经济建设和国防建设。在国防建设上，要努力缩小同世界军事强国的差距，只有这样才能做到不战而屈人之兵。同时，我们的主要任务是发展经济、改善民生，国防投入还是要服从这个大局。推进军民融合发展，有利于促进经济发展方式转变和经济结构调整，有利于增强国家战争潜力和国防实力。在军民融合深度发展方面，还是要强调两句话，军队要服从整个的国家布局，国家布局要充分考虑国防建设。军队要遵循国防经济规律和信息化条件下战斗力建设规律，自觉将国防和军队建设融入国家经济社会发展体系。地方要注重在经济建设中贯彻国防需求，自觉把经济布局调整同国防布局完善有机结合起来。

（三）坚持问题牵引，推进军民融合

长期以来，我们在军民融合发展上积极探索实践，取得了丰硕成果。同时也要看到，我国军民融合发展刚进入由初步融合向深度融合的过渡阶段，还存在一些突出问题，主要是思想观念还跟不上，顶层统筹统管体制缺乏，政策法规和运行机制滞后，工作执行力度不够。要正视这些问题，坚持问题牵引，拿出思路举措，着力丰富融合形式，拓展融合范围，提升融合层次，努力推动国防实力与经济实力同步发展。

党的十八届三中全会对军民融合发展方面作出全面部署，提出围绕提高国防科研和武器装备自主创新能力，健全国防工业体系，完善国防科技协同创新体制，改革国防科研生产管理和武器装备采购体制机制，引导优势民营企业进入军品科研生产和维修领域，改革完善依托国民教育培养军事人才的政策制度，拓展军队保障社会化领域，涵盖国防科技工业、武器装备、人才培养、军队保障社会化、国防动员等领域。落实好这些部署，要在国家

层面加强统筹协调，发挥军事需求主导作用，加快把国防和军队建设融入国家经济社会发展体系。

（四）扎实推动国防科技和武器装备领域军民融合深度发展

我们最早提军民结合，就是针对军工领域的。发展高新技术武器装备，要吸纳和利用民用先进技术，优化军工产业结构，打破行业垄断，建立公平、公正、公开的竞争环境，在健全竞争、评价、监督、激励机制上迈出更大步伐，下大气力解决装备采购、价格、维修保障等方面的深层次矛盾和问题，引导国家经济社会资源有序进入装备建设领域。对军工科技领域民企准入问题，要统筹考虑、积极推进，同时准入之后的监管工作要跟上。国内军品市场是一个很特殊的市场，既要更好发挥政府作用，也要注重发挥市场机制的作用，形成军品市场有序开放竞争的局面。只有这样，武器装备建设质量和效益才能得到保证，军工企业也才能发展得更好。

二、以强烈的责任担当推动军民深度融合发展

推动军民深度融合发展，是一个重大的战略工程，是一项长期的艰巨任务。军地双方都要深化认识，更新思想观念，打破利益壁垒，做到应融则融、能融尽融。必须以强烈的责任担当，凝聚国家意志，举全国之力，军地同心一起推动落实。

（一）强化大局意识

军地双方要树立一盘棋思想，站在党和国家事业发展全局的高度思考问题、推动工作，坚决防止"大利大干、小利小干、无利不干""愿意融别人、不愿意被别人融""共享别人的资源可以、分享自己的资源不行""我的地盘我做主"、挤压排斥竞争

对手等不良问题和倾向。要自觉在大局下行动，大局要求从国计民生考虑就服从国计民生的需要，要求从国防建设考虑就服从国防建设的需要，按照职责和分工抓好军民融合发展工作任务，做到责任到位、措施到位、落实到位。

（二）强化改革创新

打破军民二元分离结构、推动军民融合深度发展，根本出路在改革创新。要在国家层面建立推动军民融合发展的统一领导、军地协调、需求对接、资源共享机制，着力解决制约军民融合发展的体制性障碍、结构性矛盾、政策性问题，努力形成统一领导、军地协调、顺畅高效的组织管理体系，国家主导、需求牵引、市场运作相统一的工作运行体系，系统完备、衔接配套、有效激励的政策制度体系。

（三）强化战略规划

坚持体系论证，坚持科学统筹，坚持运用先进理念、方法、手段，把规划论证搞扎实。做好"十三五"统筹建设规划编制工作，与国民经济和社会发展"十三五"规划、军队建设发展"十三五"规划同步论证，以便国家安排预算和军地各部门衔接规划重大项目。中央和地方财政部门要按事权划分建立专门资金渠道，落实军民融合发展资金保障。要加强督导检查、建立问责机制，强化规划刚性约束和执行力。

（四）强化法治保障

善于运用法治思维和法治方式推动军民融合发展，充分发挥法律法规的规范、引导、保障作用，加紧推进军民融合发展的综合性法律立法工作，提高军民融合发展法治化水平。认真贯彻执行党中央、国务院、中央军委关于统筹经济建设和国防建设的意见，规范统筹建设中的重大问题。

三、做好国防科技民用转化这篇大文章

习主席强调,要做好国防科技民用转化这篇大文章,发挥国防科技转化运用最大效益。① 国防科技民用转化是一个极其复杂的过程,尤其是因涉及国防利益,科技成果转为民用首先要跨过"专利解密"这道关口。对国防专利进行保密十分必要,但如果解密不及时,就容易造成国防专利束之高阁。据 2017 年 5 月 17 日《解放军报》报道,军委装备发展部国防知识产权局集中解密国防专利 3 000 余件。这一重要举措,是推进科技领域军民深度融合的务实之举,有助于激活国防领域的优质创新资源,加快国防科技成果民用转化步伐,助力供给侧结构性改革和军民融合深度发展。

(一) 推进供给侧结构性改革的重要举措

当前,我国经济发展进入新常态,经济发展面临周期性、总量性问题,最根本的问题在于供需结构性严重失衡,低端供给、无效供给过多,中高端供给、有效供给不足,正可谓"有需求的地方,缺少供给;有供给的地方,缺少需求"。过去我们常讲"8 亿件衬衫换一架飞机",今天我们是出口 1 亿吨粗钢,换回 1 000 万吨特种钢。就国防科技领域而言,近年来尽管我国取得了长足的进步,但仍有不少关键装备、高端产品依赖进口,核心技术长期受制于人。

供给侧结构性改革,表面上看是优质产品有效供给不足,实质是生产要素优化配置受阻,根子在体制机制改革滞后导致要素

---

① 《加快建立军民融合创新体系,为我军建设提供强大科技支撑》,载于《解放军报》2017 年 3 月 12 日。

第十章　在更广范围、更高层次、更深程度上推进军民融合

潜力难以发挥。一方面，关键领域核心技术受制于人，每年支付大量的专利使用费花高价从国外引进技术；另一方面，由于制度机制改革滞后，致使一些国防专利长期"沉睡"在保密柜中，加之受制度建设不完善、信息交流不顺畅等因素的影响，国防专利技术绝大多数仅用于国防系统，转化为民用比较少。因此，推进国防专利解密制度改革，激活"沉睡"的国防专利，加速把国防领域的优质创新要素引入民用创新领域，是一项现实而紧迫的重大任务。以此次国防专利解密为突破口，激活国防部门长期积淀形成的优质创新资源，将那些民用前景好、对国家战略性新兴产业发展具有重要促进作用的国防专利技术向民用领域推广转化，必将为经济转型升级注入强劲动力，培育和催生新产品、新产业和新供给，推动新常态下经济发展新旧动能接续转换。

（二）建立军民融合创新体系的题中应有之义

当前，加快建立军民融合创新体系，就是要拆除军用和民用两大体系之间的壁垒和藩篱，促进信息有效共享、要素顺畅流动、技术双向转化，形成军转民、民促军的良性技术进步机制，实现军民优势互补、互动共生、融合发展。推动国防专利解密，无论是对促进信息共享，还是对促进技术双向转化，都是必须的基础性、先决性条件。

国防专利解密，有助于促进军民之间的信息分享。国防专利具有保密性的特质，从申请、受理、审查到转让和实施的全过程都有严格规定，这对于维护国家安全利益非常必要。但是，国防专利只保密不解密，或解密迟滞，实际上都是一种资源的耗散。解密国防专利，破除信息分享交流的局限，有助于让更多的科研工作者"站在前人的肩膀上"开展科研工作，节省时间、精力、物力。

国防专利解密，有助于促进军民技术双向转化。国防专利作为一种重要的技术知识，只有通过推广应用才能发挥其价值。推

动军事技术的民用转化，既能够发挥军事科技对高新民用技术的孵化带动作用，又能使军事技术在转化运用中开拓技术创新新境界，进而以新的创新技术反哺军事技术研究和武器装备建设。

以色列是一个人口仅 800 万的小国，却能迅速崛起为全球创新的"大国"，其独特之处就在于其军民融合的科技创新体系。以色列国防军投入大量资金发展尖端科技、培育精英人才，这些高端创新要素进入民用经济领域，转化为重要的经济社会发展成果。比如，以色列军工企业拉斐尔公司将导弹制造技术与医疗技术相结合，研发出一种可吞咽式微型胶囊，实现人体内部照相扫描。该公司将专利转让给医疗器械生产商 GivenImaging，随后生产出 PillCam 胶囊内镜。病人服下胶囊后，就可在人体肠胃系统内部蠕动并实时拍摄照片，这项技术与传统胃肠镜检查的优势是无痛、无创、安全和便捷。这展现出军民融合科技创新在推动技术进步中的广阔空间。

今天，我们要担负起科技兴军的历史重任，大幅提升我军新质战斗力，必须通过国防专利解密等综合措施，进一步打通军转民、民参军的通道和经脉，形成军民协同创新的强大合力，用优质的创新资源服务军事力量体系建设。

（三）大国创新发展的基础性制度安排

历史上的强国，无不在经济优势与军事优势之间建立起良性循环，确保将社会资源转化为双向互动的经济竞争力和军队战斗力。有效实现"转化"，是一个极其复杂的过程，需要一系列有效的制度安排和机制设计。自 20 世纪 40 年代世界科技、经济的中心从欧洲转到美国以来，美国一直占据全球创新创业的高地，引领高技术及新产业发展逾 70 年之久。从大国创新发展的角度看，美国之所以能够长时间确保其国家综合竞争力的稳步提升，原因在于它在发展道路上的一些关键节点上，作出了一系列恰当的创新制度安排。

第十章　在更广范围、更高层次、更深程度上推进军民融合

第二次世界大战结束之前，时任美国总统罗斯福就在思考如何推动战时科学研究成果向经济社会领域的转移。1944年11月，美国科学家布什在给美国总统的报告《科学：无止境的前沿》中提出，公开一部分在当时仍属机密的国防科技成果，这一建议被美国政府采纳。随后一系列战时科技成果陆续公开，并快速向民用领域转移，催生了一大批新产业的成长，由此把美国带入了战后30多年的黄金增长期。

20世纪70年代，美国制造业逐渐被日本、欧洲以及一些新兴工业化国家所赶上，"美国制造"遭受到前所未有的巨大压力。是什么原因造成"美国制造"的竞争力下降？美国人研究后发现，其专利所有权政策，即联邦政府资助项目的成果所有权归联邦政府，制约了技术成果向企业的迅速转化。当美国政府意识到这一问题的严重性时，遂从基础制度安排着手，制定了一系列促进专利成果转化的法律，从国家制度的层面强力推动技术转移和成果转化。1980年4月，美国国会通过著名的《拜杜法案》规定，大学、非营利机构和小企业在联邦政府经费资助下获得成果的所有权归其自己，并可以向产业界转让，政府不再直接享有发明专利的回报，而是通过专利产业化后持续增加的税收获益。这种"放活水、养大鱼"的机制创新，极大刺激了大学促进科技成果转化的热情，加速了美国创新成果的产业化步伐。

中、美国情不同，但美国在迈向创新大国进程中所作出的一系列制度安排，还是给人以深刻启示。军民融合是大国创新的引擎，而有效的制度安排是这个引擎的点火器。应以机制和政策制度改革为抓手，加快制定完善的国防专利定密解密规定，推动国防知识产权信息综合服务平台建设，加强军民技术双向转化服务体系建设。加强基础性制度建设，增加有助于强化信息共享、开放竞争、双向转化、激励创新的政策制度供给，坚决拆壁垒、破坚冰、去门槛，破除制度藩篱和利益羁绊，构建系统完备的科技

军民融合政策制度体系，以最大限度释放和激发深度融合的内在动力。

四、建立健全国防动员体制机制

国防动员是军民融合的重要组织形式和桥梁，建立健全国防动员体制机制，深化民兵预备役体制改革，优化后备力量规模、结构和布局，完善平时征用和战时动员等法规制度，增强打赢未来战争的国防潜力。在深化国防和军队改革过程中，专门成立军委国防动员部，履行组织指导国防动员和后备力量建设职能，领导管理省军区，就是从顶层上建立健全国防动员体制机制的实际举措。

（一）要加强国防教育，增强全民国防观念

我们的军队是人民的军队，我们的国防是全民的国防。要加强国防教育，增强全民国防观念，使关心国防、热爱国防、建设国防、保卫国防成为全社会的思想共识和自觉行动。国防动员是军民融合的重要组织形式和桥梁，要建立健全国防动员体制机制，深化民兵预备役体制改革，优化后备力量规模、结构和布局，完善平时征用和战时动员等法规制度，增强打赢未来战争的国防潜力。深化国防和军队改革，专门成立军委国防动员部，履行组织指导国防动员和后备力量建设职能，领导管理省军区，就是从顶层上建立健全国防动员体制机制的实际举措。

（二）努力建设强大稳固的现代边海防

边海防工作是治国安邦的大事，关系国家安全和发展全局。要强化忧患意识、使命意识、大局意识，勇于作为，敢于担当，努力建设强大稳固的现代边海防。坚持把国家主权和安全放在第

一位，贯彻总体国家安全观，周密组织边境管控和海上维权行动，坚决维护领土主权和海洋权益，筑牢边海防铜墙铁壁。

(三) 坚持军民合力共建边海防

坚持军民合力共建边海防，统筹边海防建设和边境沿海地区经济社会发展，发挥军警民联防的特色和优势，坚决维护边疆安全稳定和繁荣发展。坚持狠抓边海防工作落实，国家边海防委员会要发挥好统筹协调作用，各地区各部门各系统要做到守边有责、守边负责、守边尽责，齐心协力把党中央的治边方略和决策部署落到实处。作为新时代戍边军人，要矢志扎根边防、守卫边防、建功边防，提高管边控边能力，有效履行卫国戍边职责。

五、不断谱写军民鱼水情时代新篇

全心全意为人民服务是我们这支军队的根本宗旨。来自人民、为了人民，始终与人民血肉相连、生死与共，是我军的制胜之本、力量之源。习主席在十八届中央政治局常委同中外记者见面时就宣示，要与人民心心相印、与人民同甘共苦、与人民团结奋斗；在2012年底中央军委扩大会议上强调，军队要带头牢记和落实这个要求。

(一) 军政军民团结是实现富国和强军相统一的重要政治保障

军政军民团结是实现富国和强军相统一的重要政治保障，是我党我军特有的政治优势。坚如磐石的军政军民关系，是实现中国梦、强军梦的政治基础，是我们战胜一切艰难险阻、不断从胜利走向胜利的重要法宝。革命战争年代，人民群众积极参军参战，地方政府积极拥军支前。新形势下，军地双方要共同努力，弘扬拥军优属、拥政爱民的光荣传统，开展军民共建与和谐创建活动，把双拥工作抓得更加扎实有效，为实现中国梦、强军梦提供坚强保证。2017年3月22日，北京市人民政府新闻办联合北京市卫计委、北京市医药分开综合改革工作小组各成员单位，召开新闻发布会。驻京15所军队医院从4月8日起，全部参加北京市医药分开综合改革。军委后勤保障部卫生局有关负责同志表示，这是军队卫生系统贯彻落实健康中国战略、军民融合发展战略的积极行动，充分体现了军队医院全心全意为人民服务的宗旨追求。党的十八大以来，在精准扶贫、健康中国、军民融合三大国家战略的交汇点上，医疗改革与国防卫生动员同步规划，军队卫勤保障不断实现新跨越。军委后勤保障部领导指出，这个交汇点是切入点，也是立足点。在精准扶贫战略中主动作为，军队开展医疗扶贫、健康扶贫，是性质宗旨使然，更是职责使命所系。地方党政领导称赞，这个交汇点是对接点，也是传承点。健康中国以"共建共享，全民健康"为战略主题，有许多具体工作可做。其中，加强军地中医药合作成为一个必选项。军地卫生一线人员表示，这个交汇点是生长点，也是创新点。资源配置的军民融合，落地有载体。譬如，强化信息合作，军地可共享国家医学地理数据。展望未来，军队卫勤保障呈现出无限活力，正在创造更多精彩。

（二）军队要视人民为亲人、把驻地当故乡

军队要视人民为亲人、把驻地当故乡，自觉服从服务于党和国家工作大局，利用自身资源和优势，勇于承担抢险救灾等急难险重任务，积极支援地方经济建设和脱贫攻坚工作，支援西部大开发等区域发展、地方基础设施重点工程和社会主义新农村建设，做好扶贫帮困、助学兴教、医疗扶持等工作。积极参加地方生态文明建设，同时也要抓好部队节能降耗、资源节约工作，最大限度降低或避免军事活动对生态环境的影响，以实际行动建设美丽中国。协助地方做好维护社会稳定工作，发挥战斗队工作队

生产队作用，加强反渗透、反分裂、反恐怖斗争，模范执行党的民族宗教政策，做好宣传工作和群众工作，履行好维护国家安全和社会稳定的重要职能。2015年1月31日，我国首个P4实验室——中国科学院武汉国家生物安全实验室竣工。作为国际上生物安全防护等级最高的实验室，它的建成向世人表明：中国人能在自己的实验室里独立开展埃博拉病毒等烈性传染病病源的实验研究。这其中，子弟兵的贡献功不可没。我军先后派出6批助西非抗击埃博拉疫情医疗队，530余名军队医护人员走向援非抗埃的最前沿。同样值得大书特书的是，军事医学科学院及时研发出我国首套埃博拉病毒防护装备，成功研发出埃博拉抗体药物。把人民健康放在优先发展战略地位，建设健康中国，军队重任在肩，军人责无旁贷。军队卫勤主管部门积极履职尽责，健康中国走来绿军装，许多专项领域加强与地方合作，取得显著成效。围绕人才培养，与科技部建立顺畅高效的工作会商机制；与国家卫计委合作，规范军队住院医师培训。围绕疾病防控，协调将军队疾病防控机构纳入国家公共卫生体系建设规划，建立了军地传染病防控合作机制和突发公共卫生事件应急处置合作机制。人民群众的信任、信赖，也给军队卫勤系统官兵平添了许多动力。

（三）各级党委和政府要增强国家安全意识和国防意识

各级党委和政府要增强国家安全意识和国防意识，把关心支持国防和军队建设当作分内之事，满腔热情为军队建设、为广大官兵排忧解难，为国防和军队现代化建设创造良好条件。利用驻地经济发达、技术先进、资源丰富的优势，推进"智力拥军""技术拥军"。党政军民齐心协力，共同落实深化国防和军队改革各项任务，拿出一些特殊措施和倾斜政策，主动帮助解决好退役军人、职工安置工作，积极配合完成跨军地的改革任务，教育各级干部群众协助军队保护好军产和军用设施。把支持部队建设作为义不容辞的责任，完善相关政策制度，加强和改进兵役工作，落实军队转业干部、离退休干部、伤病残军人移交安置等政策规定，为部队多办好事、实事，切实维护军人合法权益，为实现强军目标提供坚强后盾。前不久，东海舰队某高山雷达站举行仪式，驻地领导向官兵赠送"拥军医疗卡"。从那一天起，全站官兵和家属持卡可免费到驻地医院就医——将小散远直单位纳入驻地新农合医保体系，成为部队医疗保障社会化的有益探索。2015年，火箭军与中国人民保险集团签署《远离军队医疗机构部队商业医疗保险项目合作协议》——探索成系统推进医疗保障社会化改革之路，将小散远单位数万名官兵医疗保障纳入商业保险范畴。据军委后勤保障部卫生局有关负责同志介绍，全军目前已超过16万人实现门诊、急诊社会化保障，初步解决了远离部队医疗机构的小散远单位看病难就医难的现实问题。采取人事代理、合同聘用等方式吸收社会人力资源，更是一举两得，既解决了军队医院医护人员不足的矛盾，满足平时服务保障需求，也在一定程度上帮助地方缓解了就业压力。依托社会资源提升保障效益，战备药材储备同样趟出了一条新路子。充分利用地方药企服务网点完善、物流发达等优势，5年间相继与31家企业签订代储合同，与140家企业签订设备终身维修服务协议。在多次重大应急救援行动中，这一机制发挥了不可替代的作用。卫勤一线官兵反映，应急保障能力从中得到检验，也得到了提高。

第十一章

在中国特色强军路上奏响阔步前进的高昂旋律

　　北京的长安街,取盛唐都城"长安"之意,东是建国门、西是复兴门,谓之长治久安,彰显了中华儿女振兴民族、追求和平的坚定意志。历史的警示如黄钟大吕:每一个伟大的民族,总是和一支强大的军队联系在一起;每一支强大的军队,总需要一群热血忠诚的优秀将士。

　　党的十八大以来,习主席多次勉励青年官兵要把个人理想抱负融入强军梦的实践,把个人成长与实现强军梦紧密结合起来,在实现强军梦的实践中书写人生华章。习主席提出的中国梦、强军梦,找到了凝聚中华民族共识的最大公约数,奏响了强国强军的时代强音。强军梦支撑强国梦,强军梦引领官兵梦。建设一支强大的人民军队是国家富强、民族振兴、人民幸福的可靠保证,也与革命军人成长成才、实现人生理想紧紧连在一起。广大官兵要牢记习主席的谆谆教诲,自觉发挥主人翁作用,为实现强军梦奉献青春年华和智慧力量,在中国特色强军兴军的伟大征程中放飞梦想,奏响阔步前进的高昂旋律。

一、强军梦也是每个官兵的梦

　　梦想是人类的精神追求,寄寓着人们对美好生活的向往。有梦想才有动力，有梦想才有未来。军人的理想追求与民族的存亡、国家的安危和人民的福祉紧密相连。军不强，国无以兴存，民无以立身。强军梦凝聚了中华民族的历史宏愿，寄托着中华儿女创造美好未来的共同向往，也与每个官兵的梦息息相关。强军梦只有成为每个官兵的梦，才有力量、有根基；每个官兵的梦也只有融入强军梦，才有实现平台，才能梦想成真。

（一）强军梦引领官兵的梦

"黄河之滨，集合着一群中华民族优秀的子孙。"当年，在四川，16岁的贺敬之离开学校，悄悄踏上了追寻革命的征程；在北平，17岁的于蓝经过两个月的长途跋涉，来到陕北；在上海，23岁的华君武取道香港、广州、长沙等多个城市，终于到达延安。是什么使数万热血青年宁愿抛弃大城市优越的生活，忍受饥寒劳累，冒着生命危险，冲破重重封锁，来到黄土高原上这个偏僻落后的小城？是因为延安有理想，为有志青年指明了正确的人生道路。梦想对于人生有如灯塔对于航船，有了梦想我们就会看见希望，就会在梦想的指引下奋力前行，创造出彩的人生。强军梦不仅集中反映了军队建设的整体要求，昭示着军队的发展方向，也内在地规定着广大官兵的理想和价值追求，从根本上决定了官兵个人梦的目标方向和发展高度，对官兵的个人理想追求具有强大的引领作用。强军梦有着丰富的实践要求，涵盖了思想政治、战备训练、行为举止等方方面面，为广大官兵励志律行、实现人生追求指明了方向，提供了基本遵循。强军兴军的伟大事业也拓展了官兵实现梦想的平台，创造了官兵逐梦的实现条件，提供了官兵圆梦的支撑环境。广大官兵把党和人民的目标要求作为自己的努力方向，以强军目标为遵循来规划人生、引领成长，就能真正有所作为，让军旅青春绽放绚丽光芒。

（二）官兵的梦汇聚强军力量

"群力之所举，则无不胜；众智之所为，则无不成。"一个伟大的梦想必然是由千万人的梦汇聚而成，一项宏伟的工程总是由千万双手共同缔造。中国梦汇聚了广大普通民众的幸福和梦想，强军梦汇聚了每名普通官兵的美好向往。中国梦是国家的、民族的，也是每一个中国人的。国家好、民族好，大家才会好。只有每个人都为美好梦想而奋斗，才能汇聚起实现中国梦的磅礴力量。同样，实现强军梦必须汇聚全军官兵的智慧和力量。官兵是军队建设的主人翁，在实现强军梦中具有主体地位，发挥着主体作用。每名官兵敢于有梦、勇于追梦、勤于圆梦，就能汇聚起实现强国梦、强军梦的强大力量。实现强军梦，没有旁观者，没有局外人。广大官兵要强化主人翁责任感，以共同之理想凝聚共同之力量，以共同之奋斗追求共同之目标，心往一处想，劲往一处使，实现强军梦的力量就无比强大，实现个人梦的空间就无比广阔。

（三）强军梦与官兵的梦紧密相连

"大河没水小河干、小河有水大河满。"军队强国家民族才强，军队强军人才能凸显价值和荣耀。没有国家富强、军队强大，官兵个人梦想的实现就会受到很大制约。没有官兵个人的追梦圆梦，强军梦就失去了强大的力量支撑，就会成为无源之水、无本之木。可以说，强军梦和官兵梦密切关联、相辅相成，强军梦的路径越宽广，官兵梦的路径才会越平坦；官兵梦的路径越顺利，强军梦的路径才会越坚实，两者辩证统一于国防和军队现代化建设的伟大实践。每名官兵只有正确处理追求个人梦想与追求强军梦想的关系，自觉为实现强军梦而奋斗，努力贡献个人的聪明才智，才能实现个人的理想抱负。

强军梦是国家的梦、军队的梦，也是每个官兵的梦。只有每个人都为美好梦想而奋斗,才能汇聚起实现强军梦的磅礴力量。广大官兵要牢记强军目标,坚定强军信念,献身强军实践,努力把个人理想抱负融入强军梦,强化使命担当,矢志扎根军营、建功军营,为实现强军目标贡献力量。

二、坚定强军兴军的信心和决心

建设一支强大的人民军队,是党的重托、人民的期盼,也是一代代革命军人为之奋斗的梦想。今天,这一重任历史地摆在全军官兵面前,我们比历史上任何时期都更接近强军梦想,比历史上任何时期都更有能力、有条件实现强军目标。广大官兵要坚定信念信心,坚定不移地走中国特色强军之路,朝着强军目标奋勇前进。

(一) 党的坚强领导是实现强军兴军的根本保证

90年前,当南昌起义、秋收起义、广州起义点燃中国共产党领导武装斗争的星星之火时,没有几个人认为这样一支弱小的军队,能够彻底推翻帝国主义和封建主义的强大统治,使整个中国改换天地。我军在党的领导下,革命战争年代战无不胜;新中国成立后,成为人民民主专政的坚强柱石、保卫祖国的钢铁长城和建设社会主义的重要力量,为红色江山永固提供了坚强的力量保证。

党的军事指导理论与时俱进、科学引领军队建设。回顾我军发展壮大的奋斗历程,其中贯穿着一条耀眼夺目的"红线",就是坚持把马克思主义军事理论同中国革命战争和人民军队建设实践相结合,创造形成了毛泽东军事思想、邓小平新时期军队建设思想、江泽民国防和军队建设思想、胡锦涛国防和军队建设思想。党的十八大以来,习主席对国防和军队建设作出一系列重要

第十一章　在中国特色强军路上奏响阔步前进的高昂旋律

决策指示、提出一系列重大战略思想，推进了马克思主义军事理论新发展。这些重大理论成果，是我军建设发展的科学指南，是强军兴军的强大思想武器。紧跟党的理论创新和实践创新步伐，党的军事指导理论将进一步丰富发展，人民军队建设必将不断发展进步。

党的富国强军战略积极推进、有力牵引军队建设。历史上，不少国家因为没有处理好经济建设与国防建设的关系而吃尽苦头。有"犁"无"剑"，犹如泥足巨人；而有"剑"无"犁"，也只能是昙花一现。富国和强军相统一，既是国家发展的大战略，也是军队建设的大战略。新中国成立以来，我们党在大力推进经济建设的同时，对国防和军队建设始终高度重视、紧抓不放。新形势下，我们党基于我国综合国力显著增强的时代特点，把国防和军队建设放在实现中华民族伟大复兴这个大目标下，从经济建设是国防的基本依托，国防建设是我国现代化建设的战略任务的辩证统一角度，统筹推进经济建设与国防建设，使国防和军队现代化进程同国家现代化进程相协调、相促进。随着富国强军战略的实施推进，国防和军队现代化建设必将有一个大的发展。

党中央、习主席高度重视、坚强领导国防和军队建设。在治党、治国、治军的实践中，党中央和习主席始终站在政治和全局的高度思考处理国防和军队建设问题，对一系列带方向性、根本性、全局性的重大问题非常关注、精心筹划、谋深虑远。习主席对坚持党对军队绝对领导、推进军事斗争准备、加强作风建设、深化军队改革等事关全局的重大工作亲自部署，亲自推动，作出了一系列重要指示。习主席的政治品格、卓越才能、崇高风范，赢得了全军官兵的高度信任和衷心拥戴。在党中央和习主席的坚强领导下，中国特色强军之路一定会越走越宽广，国防和军队建设必将迈上新台阶、实现新跨越。

（二）强大国力民心是实现强军兴军的重要支撑

2000年，美国出版了一本名叫《中国即将崩溃》的书，还上了《纽约时报》的畅销书榜，认为中国政治经济体制将在加入世贸组织的冲击下迅速走向崩溃。但如今，中国非但没有崩溃，而是通过深化改革开放和体制创新，使社会生产力、经济实力、科技实力又迈上一个大台阶，居民收入水平、社会保障水平、人民生活水平又迈上一个大台阶，综合国力、国际竞争力、国际影响力又迈上一个大台阶，经济总量稳居世界第二位，一天的产值相当于新中国成立初期两年创造的财富，中国成了带动整个世界经济增长的重要引擎。同时，随着国家创新能力的加强，"中国制造"正在向"中国创造"转变，一批战略性新兴产业和先进制造业不断发展，创新型国家建设成效显著。探月工程、载人深潜、超级计算机、高速铁路等实现重大突破，我国整体科技实力与主要发达国家差距不断缩小，科技对经济社会发展和军队建设的引领和支撑作用明显增强。

人民军队人民爱，人民国防全民建。我军是人民的子弟兵，拥军优属是全社会的光荣传统。这些年，全国深入开展以爱国主义为核心的国防教育，全民国防观念不断强化，大批优秀青年踊跃参军入伍，地方各级党委和政府不断出台和落实拥军优属政策，积极配合军队完成教育训练、战备执勤和军事演习等各项任务，支持强军兴军的社会氛围更加浓厚。2011年，党中央、国务院、中央军委下发《关于加强新形势下国防教育工作的意见》，要求全面落实国防教育法。近几年，我国周边安全局势严峻复杂，社会各界和人民群众对维护国家主权、安全和领土完整高度关注，在钓鱼岛、南海诸岛维权等斗争中，全社会共同发声，形成了强军固防强大力量。特别是强军目标一经提出，立即得到了全国上下的高度认同，广大人民群众对建设强大军队坚决拥护。党的十八届三中全会又对推动军民融合深度发展作出重大

第十一章　在中国特色强军路上奏响阔步前进的高昂旋律

部署，必将为在新的起点上做好军民融合式发展这篇大文章，起到极大的促进作用。

（三）我军建设发展成就是实现强军兴军的坚实基础

90年来，在一代代官兵的共同努力下，我军建设取得了辉煌成就。目前，我军已经实现了"三步走"发展战略第一步目标，机械化建设有了较好基础，信息化建设取得明显进步。同时，中国特色军事变革稳步推进，部队编成和军兵种内部结构得到进一步优化，高新技术装备部队比重增加，全面建设现代后勤取得重要阶段性成果，信息化条件下威慑和实战能力显著增强。近年来，我军武器装备更新换代加快，大批高技术武器装备列装部队。特别是第一艘航空母舰顺利交接入列、歼－15舰载机成功着舰起飞，对于提高我军现代化水平，促进国防科技工业技术进步和能力建设，增强国防实力和综合国力，具有重大而深远的意义。我军在发展壮大的过程中，积累了丰富的成功经验，这些经验反映了军队建设基本规律，符合我国国情、军情，是被实践证明有效的、必须长期坚持的指导原则，对于推进强军兴军实践具有重要指导作用。

国以才立，军以才强。2006年，一位名叫朱桂全的专家型士官，引出"一支军队的转型与一位士兵的重塑"的深刻命题，如今，知识型士兵已成为我军转型征途上的一道常见风景。10多年前，"上天能驾机、下海能操舰"的柏耀平作为复合型人才被提拔到领导岗位；如今，1万余名联合作战指挥人才脱颖而出，成为我军人才天幕上耀眼的星系。人才战略工程实施十多年来，我军官兵成分结构发生很大变化，人才队伍整体优化，综合素质明显改善。官兵学历层次进一步提高，全军干部具有大学本科以上学历的达到80%以上，大学生士兵数量大大增加；全军部队士官占士兵总数的50%以上，重要岗位专业技术士官超过80%；干部生长来源和培养渠道进一步拓宽，依托国民教育培养军队人才逐步制度化、规范化，涌现出一批双学士飞行员、博士舰长、硕士博士师长军长。各级大力推进人才战略工程，广泛开展岗位练兵、学习成才等活动，官兵知识结构得到改善、能力素质全面提高，涌现出一大批爱军精武标兵、学习成才标兵、训练尖子和技术能手。英国BBC网站饶有意味地说："外界所能看到的主要是中国军事实力的'硬件'，在这些高技术、信息化武器的背后，中国军队近年来一个值得注意的变化恰恰是'软件'，也就是军队科研队伍的扩大和官兵素质的提高。"瞩望明天，蓝图壮美，我军各个领域人才辈出，为强军兴军提供了强大的人才智力支撑。

三、在强军兴军的广阔舞台上实现自己的人生价值

雷锋说过，一滴水只有放进大海里才永远不会干涸，一个人只有当他把自己和集体事业融合在一起的时候才能最有力量。党在新形势下的强军目标，描绘了强军兴军的壮美图景，也为每名官兵提供了人生出彩的众多机会。大家选择了军营，就要自觉把自己的"小梦"与强军梦这个"大梦"紧密结合起来，把部队建设作为人生的梦想舞台，把本职岗位作为成长成才的"星光大道"，在强军兴军的广阔舞台上最大限度地实现自己的人生价值。

某研究所总工程师李贤玉，1982年以黑龙江省理科状元考入北京大学，并保送硕士研究生。毕业时，留校有资格、下海有资本、出国有资历，但她毅然选择来到部队。20多年来，她从参与课题到独自承担课题，从承担小项目到承担重大任务，从助理工程师到研究员，一步步成长为导弹专家，为编织战略导弹部队的"中国剑网"作出了突出贡献。回顾自己的成长经历，李贤玉说，军队信息化建设事业，给了我施展才华的机会和舞台，

第十一章　在中国特色强军路上奏响阔步前进的高昂旋律

让我圆了成长进步的梦想。2013年5月16日,《解放军报》报道了某机步旅藏族连长拉巴次仁把个人梦融入强军梦的先进事迹,引起了全军官兵的强烈反响。拉巴次仁自少年起就立志从军报国,大学毕业后放弃了到地方就业的机会选择参军入伍。他踏实肯干,忠实履行职责,全身心投入国防事业,努力锤炼过硬军事本领,先后被评为全军爱军精武标兵、学习成才先进个人,在军营大舞台上实现了人生跨越,成就了光荣与梦想。这正如他自己所说,"我要把自己的人生梦想融入军营中,在军营实现自己的价值。""得其大者可以兼其小。"广大官兵要像李贤玉、拉巴次仁那样,在强军梦的引领下追逐个人梦想,在强军兴军的伟大实践中努力奋斗,就一定能更好地实现自身价值。

　　伟大的事业铸就伟大的军队,伟大的军队培养伟大的战士。我军是一个大学校、大熔炉。广大官兵来到部队,在为保卫祖国尽义务、献青春的同时,还有各式各样属于自己的梦,比如,有的想加入党组织,追求政治上的进步;有的想考学提干,当一名军官;有的想立功受奖,获得荣誉;有的想转士官,在部队干出些名堂;有的想学点技术,掌握谋生的手段……这些梦想,虽然各不相同,五彩缤纷,但只要自觉投身强军实践,努力拼搏奋斗,都有机会得到实现。今天,我军现代化程度不断提高,武器装备不断更新,官兵可以在掌握新式武器装备中学习科学技术、学习信息化知识、提高能力本领。部队训练的难度和强度进一步加大,野外驻训、跨区机动、实案化演习等越来越多,还要经常执行急难险重任务,可以更好地锤炼官兵的意志品质、心理素质、精神作风。军队对外交流不断扩大,护航、维和、联合军演等任务增多,普通士兵也可以走出国门、开阔眼界。军队大力实施人才战略工程,各种学习培训机会越来越多,学习型军营建设蔚然成风,每年都有大批学习成才标兵和先进个人在军营这所大学校中脱颖而出。随着强军兴军伟大实践的深入推进,我军建设必将会有更大的发展,官兵实现个人梦想的舞台也会更加宽广。

（一）在中国特色强军路上跑好手中这一棒

"新征程号角吹响，强军目标召唤在前方，国要强我们就要担当，战旗上写满铁血荣光……"一曲《强军战歌》，唱出了全军官兵的心声。"家是最小国，国是千万家。"每个人的前途命运都与国家的前途命运紧密相连，没有国家的富强、军队的强大，就难以有个人理想的实现。梦想在前方召唤，实现梦想的路则在自己脚下。广大官兵要强化使命担当，提高能力素质，从现在做起，从岗位做起，脚踏实地干好本职工作，为实现强军目标贡献智慧和力量。

伟大的梦想，要靠千万人的接力奋斗来实现。在实现强军梦想的征途上，每名官兵都是"梦之队"的一员。行百里者半九十。距离目标越近，我们越不能懈怠，越要加倍努力。今天，强军兴军的历史接力棒传到我们这一代人手里，广大官兵必将大有可为，也必将大有作为。这是"长江后浪推前浪"的历史规律，也是"一代更比一代强"的青春责任。就要肩负起我们这一代的责任，积极投身强军兴军伟业，跑好手中这一棒。

强国强军，时不我待。"生于忧患，死于安乐"。和平年代、太平盛世，一个民族最难维系的是忧患意识，一支军队最难做到的是居安思危。历史上这样的例子屡见不鲜。从一定程度上来讲，败战亡国，往往并不是因为敌人有多么强大，而是因为自己麻痹忘战、养尊处优、慵懒骄散，在安享太平中打败了自己。哈佛商学院教授理查德·帕斯卡尔曾断言，21世纪，没有危机感是最大的危机。一代军人有一代军人的使命担当。当前，我国面临的安全挑战更加多元和复杂，围绕综合国力、地缘政治等国际战略竞争日趋激烈，传统大国与新兴大国矛盾不时显现，局部冲突和地区热点此起彼伏。和平靠赎买不到，强大靠乞求不来，必须沿着前人的足迹接力奋斗。面对严峻的挑战和考验，我们不能有丝毫懈怠。"一万年太久，只争朝夕。"每名官兵都要时刻保

第十一章 在中国特色强军路上奏响阔步前进的高昂旋律

持清醒头脑,增强使命感紧迫感,珍惜为强军兴军作贡献的宝贵机会,努力发挥自己的聪明才智,在实现强军目标的征程中奋勇争先。

梦想有翼,青年有责。青年最富有朝气、最富有梦想。青年一代有理想、有担当,国家就有前途,民族就有希望,实现我们的发展目标就有源源不断的强大力量。广大青年官兵是强军兴军的希望和未来,应当勇于担当起强军兴军的神圣使命。广大青年官兵要有舍我其谁的信心勇气,与国家同命运,与军队共荣辱,以主人翁的姿态追求强军梦想,人人奋勇,个个争先。全军优秀指挥军官、某旅连政治指导员乐焰辉,从清华大学毕业后携笔从戎,扎根基层不言悔,精武强能不怕苦,攻坚克难不退缩,甘当强军路上的追梦人,展现了当代大学生干部的时代风采。陆军某旅特战连连长刘珪,把当兵当事业,把打仗当专业,把打赢当成矢志不渝的追求,用青春和热血书写了当代军人强军兴军的新篇章。海军某潜艇基地官兵群体,40多年来,牢记神圣使命和特殊要求,信念忠诚,听党指挥,勇闯深海大洋,为核潜艇事业甘愿牺牲奉献,以革命军人的胆识、血性和豪情,铸就了共和国坚强的水下核盾。他们是强军兴军伟大征程中涌现出的时代标杆,为我们树立了学习的榜样。国家和人民的需要,就是军队的使命、军人的责任。只要每名官兵都勇于奋斗、自觉担当,建设强大人民军队的目标就一定能够实现。

笃信不移,虔诚执著。强烈的使命意识源于对强军目标的深刻理解和高度认同。科学理论入脑入心,理想目标才能虔诚而执著、至信而深厚。对强军目标的认识理解越深入,对强军兴军的责任担当就会越自觉。党在新形势下的强军目标,传承着历史,昭示着未来,思想深刻、意蕴深远。我们要不断深化对习主席关于强军目标一系列重要论述的学习理解,充分认清强军目标的重大理论价值和实践指导意义,准确把握强军目标的深刻思想内涵和实践要求,从中汲取丰富营养,强化使命担当。注重与学习党的军事指导理论、人民军队发展壮大的光辉历程贯通起来，注重联系部队建设实际和担负的使命任务进行深入思考，从历史与现实、理论与实践、强国与强军的结合上增进理解认同，使强军兴军的使命责任融入血脉和灵魂，转化为价值追求和自觉行动。

（二）面对强军兴军的时代课题提高能力素质十分重要和紧迫

俗话说："炉火再旺，锤子不硬也打不出好钉；干劲再大，素质不高也难有大作为。"目前，我军打现代化战争能力不够、各级干部指挥现代化战争能力不够的问题还比较突出，这两个问题依然很现实地摆在我们面前。面对强军兴军的时代课题，提高官兵的能力素质，从来没有像今天这样重要和紧迫。

解放思想、更新观念。观念的落后是最根本的落后，观念的转变是最根本的转变。美国前国防部长拉姆斯菲尔德曾打过一个比喻，给你一支 M-16 步枪，如果你用枪托砸敌人，那你没有转变，如果你蹲下瞄准射击，那你就转变了。这启示我们，只有脑筋先转弯，行为才能跟着变。当前，世界新军事革命加速发展，战争形态、作战样式、指挥方式、武器装备都发生了很大变化；中华民族复兴进入关键时期，我军转型建设进入关键阶段。在这样的时代背景和任务要求下实现强军目标，必须解放思想、更新观念、拓宽视野、强化担当，牢固确立与强军目标相适应的思想观念和思维方式。要开阔眼界胸襟，善于从国际战略大格局、周边地缘大棋局、国家安全发展大战略上看问题，认清使命任务、建设标准和能力要求，提高从政治、经济、军事、外交全局上观察分析处理问题的能力。要敢于担当，主动迎接挑战，艰巨任务面前迎难而上，危急紧要关头挺身而出，遇到矛盾不推诿回避，出现问题不上推下卸，在改变陈规陋习、冲破束缚障碍中强化责任、有所作为。要勇于创新，用发展的眼光、对手的眼光审视自己，破除守旧观念、守常思维、守成思想，着力转变拿现在与过去比、自己和自己比的习惯性思维，善于运用检讨式方法

第十一章　在中国特色强军路上奏响阔步前进的高昂旋律

开展工作。观念决定行动,创新激发活力。我们既要继承传统,又要开拓前行、超越自我,把历史辉煌变为奋进动力,努力形成创新源泉充分涌流、创新智慧竞相迸发的良好局面。

刻苦学习、增长知识。能力素质是以知识为基础的。1944年10月30日,毛泽东在陕甘宁边区文教工作者会议上意味深长地说:"没有文化的军队是愚蠢的军队,而愚蠢的军队是不能战胜敌人的。"[①] 当今时代,知识更新日益加快,特别是现代科技,其发展之快、应用规模之大、影响范围之广前所未有。有人做过研究,18世纪以前,知识更新速度为90年左右翻一番;20世纪90年代以来,知识更新加速到3~5年翻一番。近50年来,人类社会创造的知识比过去3 000年的总和还要多。还有人说,在农业经济时代,一个人读几年书,就可以用一辈子;在工业经济时代,一个人读十几年书,才够用一辈子;到了知识经济时代,一个人必须学习一辈子,才能跟上时代前进的脚步。对军队来讲,军事领域的变革更是令人目不暇接,不了解、不熟悉、不适应的东西越来越多,不学习就会成为信息时代的"文盲"。"盲人骑瞎马,夜半临深池",虽勇气可嘉,却鲁莽不可取。必须强化"知识危机感""本领恐慌感",主动加快知识更新、优化知识结构、拓宽知识领域,才能克服本领不足,避免陷入少知而迷、不知而盲、无知而乱的困境。要学好基本理论,认真学习中国特色社会主义理论体系,学习党的军事指导理论,学习习主席系列重要讲话精神,掌握科学的立场观点方法,掌握做好工作的看家本领。要学习现代战争和作战理论,熟悉一体化联合作战制胜机理,刻苦钻研信息化战争的战法技法,研究任务、研究战场、研究对手,做信息化战场的"明白人",做到知己知彼、知战制胜。要老老实实学习掌握新装备新技术,从装备入手、技术切

[①]《文化工作中的统一战线》(一九四四年十月十三日),《毛泽东选集》第3卷,人民出版社1991年版。

入，做操作和维护信息化新装备的行家里手，充分发挥人与武器相结合的最大效能，决不能上演没有新装备时盼"红了眼"，新装备来了"傻了眼"，只好让新装备趴窝"干瞪眼"的尴尬。要突出"军味兵味"学好军事知识，干什么学什么、缺什么补什么，还要尽可能拓宽知识面，努力学习经济、政治、历史、文化、社会等方面的知识，以学益智，以学修身，提高全面素养，用知识为强军梦插上翅膀。"木桶原理"告诉我们，木桶的容水量是由最短的那块木板决定的，任何一项工作做不好，都会影响整个部队建设。每名官兵都要坚持全面发展、全面过硬，在自己的职责范围和各项工作中，力求补好短板，成为部队建设的多面手。

严格训练、精武强能。精武强能方能托举强军梦想。未来战争是信息化战争，每个人都是战斗力的关键点，每个岗位都是战斗力链条上的重要一环，一兵一卒都关乎胜负全局。如果说在"小米加步枪"的年代，个别人的能力素质不足还不会影响全局，那么在信息化战争中，每个人不经过严格训练、不具备过硬本领，就可能对全局胜负产生严重影响。要勇于吃苦练。"不经一番寒彻骨，哪得梅花扑鼻香。"成功是拼搏出来的，本领是苦练出来的。必须树牢吃大苦、耐大劳的思想，自觉加大训练难度强度，敢于在恶劣环境和艰苦条件下摔打，在执勤、战备、演习、抢险救灾等任务中磨砺，流血流汗不流泪，掉皮掉肉不掉队。被习主席亲切地称为"特种兵里的拔尖人才"的某部班长曾昇铨，经历了千百次空中、地面、水下特种训练考验，才在400米低空武装跳伞出现险情的情况下创造奇迹。要紧贴实战练。实战训练是未来战争的预演。仗怎么打兵就怎么练，打仗需要什么就苦练什么，才能在战争中有效保存自己、消灭敌人。强军铸剑、逐梦蓝天，从事试飞30年的空军某部试飞员雷强，正是把天空当战场，把每一次试飞都当成实战的检验，才在与死神无数次"零距离"的接触中，为我军空中力量的建设发展作出

第十一章　在中国特色强军路上奏响阔步前进的高昂旋律

了卓越贡献。要自我加压练。坚持高标准严要求,"不须扬鞭自奋蹄",以想当"兵王"、挑战"兵王"的雄心壮志,敢向顶峰冲锋、敢向极限叫板,把岗位练精,把战位练强,把本领练过硬。在开拓性强、风险高的航天领域,杨利伟、费俊龙、聂海胜、翟志刚、景海鹏、刘伯明、刘旺、刘洋、张晓光、王亚平等航天英雄们,正是有着"为祖国出征太空"的信念梦想,才在经历了低压、缺氧、失重等几十项专业技能训练甚至生命极限的考验后,把祖国的荣耀和生命的精彩绽放在浩瀚太空。

(三) 在平凡岗位上用实干造就强军兴军伟业

"道虽迩,不行不至;事虽小,不为不成。"实现强军目标要有高远的理想追求,更要立足本职岗位埋头苦干。军队是由无数个岗位构成的复杂系统,既有冲锋陷阵的战斗员又有运筹帷幄的指挥员,既有拿手术刀的医生又有拿螺丝刀的修理工,既有操作键盘的又有把方向盘的……专业分工细,结构层次多,每个岗位都很重要,每项工作都不可替代,各行各业都是齿轮和螺丝钉的关系,缺一不可。本职岗位是迈向强军目标的出发阵地,普通工作是攀登理想高峰的坚实台阶。每名官兵都要热爱本职,把工作当事业干,把打仗当专业钻,努力在平凡岗位上创造不平凡的业绩。

埋头苦干、真抓实干。梦想成真需要实干,强军兴军需要行动。没有求实务实、苦干实干的作风,强军目标是不可能实现的。2012年感动中国人物罗阳,大学毕业后投身航空事业,从一名普通技术员到多种型号战机研制的总指挥,30年如一日,胸怀航空报国理想,脚踏实地刻苦钻研。为尽快研制成功歼－15舰载机,他带领的研制团队没有休过一个节假日,在舰载机起降试飞阶段,他长时间随舰海试,当歼－15舰载机在航母上成功起降的时候,作为现场总指挥的罗阳却因心肌梗塞倒在了工作岗位上。他用智慧和实干托举战鹰完美升空,用生命圆了中国人心中的一个梦，也给我们留下了求实苦干的永恒精神。

"功崇惟志，业广惟勤。"当前，部队建设正处在改革发展的关键时期，广大官兵在仰望星空的同时，更要脚踏实地、埋头苦干。要热爱军营，振奋革命精神，排除一切干扰，心无旁骛干事业，聚精会神搞建设，把主要心思和精力集中到干好本职工作上。要勇挑重担，不怕困难，不畏艰苦，敢于承担艰巨的任务，雷厉风行抓工作，不折不扣抓落实，把各项任务往前赶、朝实里抓。要锲而不舍，坚持不懈，谋一件干一件，干一件成一件，一步一个脚印地向强军目标迈进。要克服浮躁心理，发扬艰苦奋斗的作风，守得住清贫，耐得住寂寞，甘于吃苦、乐于奉献，用实干造就强军伟业。

锐意进取、开拓创新。强军兴军是一项继往开来的伟大事业。无论是部队建设还是个人发展，都不能安于现状，躺在功劳簿上睡大觉。有的同志可能觉得，创新是科学家、设计师、工程师的事儿，与整天操枪弄炮的普通官兵关系不大。其实，创新并不神秘，每个岗位都有文章可做，小角色也能成就大事业。基层官兵是军事训练的具体实践者，武器装备的直接使用者，对训法战法、武器装备存在的不足，对如何加强改进最有发言权，提出的建议、拿出的办法最切合实际。全军十大学习成才标兵宗道辉，入伍20多年，埋头扎进特种空降和飞行领域，第一个试飞全军3种型号的动力三角翼飞行器，是全军驾驶动力三角翼成功飞越琼州海峡"第一人"，填补了6项空白，创造了7项"飞行之最"。宗道辉能够攀登现代特种作战高峰，靠的就是站在军事变革前沿、勇于创新的精神。

广大官兵要强化创新进取的紧迫感，积极了解掌握世界军事发展的新情况、新动向，始终盯住前沿不放松、攻坚克难求发展。要增强创新的信心，坚信创新之路就在脚下，人人都有用武之地，只要开动脑筋、敢创敢试，就一定能有所作为。要明确创新的方向，不好高骛远，结合担负任务和岗位实际，自觉投身到

第十一章　在中国特色强军路上奏响阔步前进的高昂旋律

部队开展的小发明、小革新、小改进等活动中，谋创新之策，务创新之举，不断积小胜为大胜。要勇闯创新的难关，任何创新都不可能轻而易举，必须始终保持开拓之勇、昂扬之气，敢闯敢试，勇担风险，在不同领域开创崭新业绩。

追求卓越、争创一流。"取乎其上，得乎其中；取乎其中，得乎其下。"我国与世界强国在军事领域存在的差距，注定我们的强军兴军之路是一个追赶跨越的过程，各项建设和工作必须高起点谋划、高标准推进、高质量落实。实现强军目标需要奋发进取、争先创优的精神去拼搏，需要一流的工作、一流的业绩去成就。某部士官贾元友，入伍15年来，扎根军营，勤学苦练，实现了从初中生到本科生的学历升级，从炊事员到信息尖兵的人生飞跃，成功驾驭我军两代三型主战坦克，荣立一、二、三等功各1次，2013年8月被中央军委授予"铁甲精兵"荣誉称号。军委首长称赞他是"难得的人才，信息化时代的好兵"。

广大官兵都应保持和发扬革命战争时期那么一股劲、那么一种革命热情、那么一种拼命精神，无论从事什么工作、无论在哪个岗位，都要对工作严谨细致、极端负责，做到"我的工作我负责，我的岗位请放心"。要始终坚持一流工作标准，搞建设就要精益求精、拿出精品，干工作就要做到极致、成就典范，不放过一点瑕疵，不留下一丝遗憾，以工作的高标准推进事业的大发展。要始终保持勇争第一的劲头，在强军兴军实践中比干劲、比贡献，在各项工作中敢超越、当标杆，争做本领域、本专业的领跑者。要始终保持昂扬向上的精神状态，不骄不躁，百尺竿头，更进一步，用无数个"我的梦"的实现，共同托举起中国梦、强军梦，奏响中国军队阔步前进的高昂旋律。

参考文献

1. 《邓小平文选》第 1 卷，人民出版社 1994 年版。
2. 《邓小平文选》第 2 卷，人民出版社 1994 年版。
3. 《邓小平文选》第 3 卷，人民出版社 1993 年版。
4. 国防大学编：《习近平主席国防和军队建设重要论述学习研究》，国防大学出版社 2015 年版。
5. 《江泽民文选》第 1 卷，人民出版社 2006 年版。
6. 《江泽民文选》第 2 卷，人民出版社 2006 年版。
7. 《江泽民文选》第 3 卷，人民出版社 2006 年版。
8. 姜铁军主编：《党的国防和军队改革思想研究》，军事科学出版社 2015 年版。
9. 李升泉、刘志辉主编：《说说国防和军队改革新趋势》，长征出版社 2015 年版。
10. 刘茂杰主编：《强军梦》，军事科学出版社 2014 年版。
11. 《毛泽东选集》第 1 卷，人民出版社 1991 年版。
12. 《毛泽东选集》第 2 卷，人民出版社 1991 年版。
13. 《毛泽东选集》第 3 卷，人民出版社 1991 年版。
14. 《毛泽东选集》第 4 卷，人民出版社 1991 年版。
15. 任天佑著：《问道改革强军》，国防大学出版社 2015 年版。
16. 《习近平关于深化国防和军队改革重要论述摘编》，解放军出版社 2016 年版。
17. 徐伟新等著：《中国新常态》，人民出版社 2015 年版。
18. 章传家主编：《实现中华民族伟大复兴的安全保障》，人民出版社 2012 年版。

19. 中共中央党史研究室著：《中国共产党历史》第 1 卷，中共党史出版社 2011 年版。

20. 中共中央党史研究室著：《中国共产党历史》第 2 卷，中共党史出版社 2011 年版。

21. 中共中央宣传部编：《习近平总书记系列重要讲话读本》，学习出版社、人民出版社 2014 年版。

22. 《朱德选集》，人民出版社 1983 年版。